Helmut Wittlage
Organisationsgestaltung mittelständischer Unternehmen

AF285866

Helmut Wittlage

Organisations- gestaltung mittelständischer Unternehmen

Springer Fachmedien Wiesbaden GmbH

Die Deutsche Bibliothek — CIP-Einheitsaufnahme

Wittlage, Helmut:
Organisationsgestaltung mittelständischer Unternehmen /
Helmut Wittlage.
(DUV: Wirtschaftswissenschaft)
ISBN 978-3-8244-0301-1   ISBN 978-3-663-08831-8 (eBook)
DOI 10.1007/978-3-663-08831-8

© Springer Fachmedien Wiesbaden 1996
Ursprünglich erschienen bei Deutscher Universitäts-Verlag GmbH, Wiesbaden 1996

ISBN 978-3-8244-0301-1

Vorwort

"Je unsystematischer, dynamischer und schwankender die Verhältnisse in der Wirtschaft werden, desto fundierter und sicherer muß die Entscheidung des Unternehmens sein. Die Dispositionen des Unternehmens dürfen nicht dem Zufall und dem Glück oder auch nur der bloßen Erfahrung überlassen werden. Keine Illusion ist so angenehm und so häufig wie die, daß sich nichts ändern werde und alles so weitergehen könne wie bisher. Aber keine Folgen sind schlimmer als die, denen man hilflos gegenübersteht, die man nicht vorausgesehen hat, auf die man sich nicht vorbereitet hat und die plötzlich zu neuen, weitreichenden Entschlüssen zwingen"

Diese Aussage gilt auch für die Entscheidungen mittelständischer Unternehmen im Hinblick auf die Gestaltung der Organisationsstruktur inbesondere unter dem Aspekt, daß diese in jüngster Zeit als ein wesentlicher Wettbewerbsfaktor gesehen werden muß. " In der deutschen Wirtschaftsgeschichte hat es keine Zeiten gegeben, in der bestehende Organisationsstrukturen in so weitreichender Weise in Frage gestellt, in der organisatorische Änderungen mit so tiefgreifenden Konsequenzen verfolgt wurden."[2]

In diesem Zusammenhang sind besonders die modernen Organisationskonzeptionen zu berücksichtigen, die z. Zt. in einer Vielzahl von Monographien und Aufsätzen diskutiert werden. Genannt seien die Lean-Konzeptionen - u.a. Lean-Structure, Lean-Organization - die Geschäftsprozeßorganisation, die fraktale Organisation, die Vertrauenssorganisation usw. Es stellt sich mithin die Frage, ob einerseits die modernen Organisationskonzeptionen in der Lage sind, etwaige organisatorische Defizite mittelständischer Unternehmen zu beseitigen und andererseits ihre Realisierung einen entscheidenden Erfolgsfaktor darstellt.

Die Diskussion der vorstehenden Fragen bedarf einer empirischen Fundierung, da sonst die Antworten Gefahr laufen, sich in theoretischen Überlegungen zu erschöpfen und die spezifischen situativen Bedingungen mittelständischer Unternehmen unberücksichtigt zu lassen. Aufgrund dieses Sachverhaltes bilden die Ergebnisse einer auf diese Fragestellung ausgerichteten empirischen Untersuchung einen wesentlichen Bestandteil dieser Veröffentlichung.

Zielgruppe dieses Buches sind Studenten, die sich während ihres Studiums mit den Problemen der Organisation auseinanderzusetzen haben. Dabei sollte insbesondere der Aspekt mittelständischer Unternehmen berücksichtigt werden, da diese für viele Studenten ihr späteres Berufsfeld darstellen. Aber auch die in den mittelständischen Unternehmen für die Organisationsgestaltung zuständigen Mitarbeiter sollen Hinweise für eine effiziente Organisationsgestaltung erhalten.

---

[1] Mellerowicz, R., Unternehmenspolitik, Bd. I, 2.Aufl., Freiburg/Brsg., 1963, S. 5
[2] Frese, E., von Werder, A., Organisation als strategischer Wettbewerbsfaktor - Organisationstheoretische Analyse gegenwärtiger Umstrukturierungen , in: Organisationsstrategie zur Sicherung der Wettbewerbsfähigkeit - Lösungen deutscher Unternehmen - hrsg. von Frese, E., Maly, W., Sonderheft 3/94 der ZfbF, Düsseldorf - Frankfurt 1994, S. 3

Abschließend bedanke ich mich für die Unterstützung durch die IHK-Münster, ohne die die umfangreiche Befragung mittelständischer Unternehmen nicht hätte durchgeführt werden können.

Helmut Wittlage

Inhaltsverzeichnis

Verzeichnis der Abbildungen

Verzeichnis der Anlagen

Anlage 1: Fragebogen
Anlage 2: Informationsgewinnungstechniken
Anlage 3: Dokumentationstechniken
Anlage 4: Koordinationsformen
Anlage 5: Formen der Projektorganisation

1 Einleitung: Grundlagen

11 Begriffsbestimmung mittelständisches Unternehmen

Kaum ein Begriff in der betriebswirtschaftlichen Literatur als auch in der Wirtschaftspolitik ist so vielschichtig und so wenig exakt abgrenzbar, wird aber dennoch so oft verwendet wie der Begriff mittelständisches Unternehmen bzw. Mittelbetrieb.[1] Häufig wird aus diesem Grunde in den Darlegungen, die sich mit Problemstellungen mittelständischer Unternehmen beschäftigen, auf eine Begriffsbestimmung verzichtet und stillschweigend ein allseits bekannter und verbindlicher Begriffsinhalt unterstellt.[2]

Das Wort Mittelstand läßt sich bereits im Sprachgebrauch des 17. Jahrhunderts nachweisen. Im wirtschaftlichen Sinne wurde dieser Begriff hingegen erst im Jahre 1919 in der Reichsverfassung gesetzlich fixiert. Der selbständige Mittelstand wurde im Sinne von Landwirtschaft, Gewerbe und Handel verstanden. Dabei stand der soziologische Aspekt - Mittelstand im Sinne einer Gesellschaftsschicht - im Vordergrund.

Mit dem Begriff mittelständisches Unternehmen soll eine in sich soweit homogene Gruppe von Unternehmen erfaßt werden, daß betriebswirtschaftlich gültige Aussagen für diese abgeleitet werden können, auch im Hinblick auf die Gestaltung der Organisationsstruktur. Analysiert man unter diesem Aspekt die sich mit mittelständischen Unternehmen beschäftigende betriebswirtschaftliche Literatur, so stellt man fest, daß eine allgemein verbindliche und exakte Definition nicht auffindbar ist. Vielmehr wird eine Vielzahl unterschiedlicher Kriterien verwendet, um mittelständische Unternehmen von Klein- und Großbetrieben abzugrenzen. Hierbei können zwei Kriteriengruppen, quantitative und qualitative, voneinander unterschieden werden.[3] Zu den quantitativen Kriterien zählen u.a. Anzahl der Mitarbeiter, Jahresumsatz, Bilanzsumme, Höhe des investierten Kapitals. Diese quantitativen Kriterien sind, wie ersichtlich, für eine Abgrenzung wenig geeignet, da sie in einem hohen Maße von der jeweiligen Branche, in denen die Unternehmen tätig sind, abhängig sind. Auch die Verwendung eines mehrdimensionalen Maßstabs für die Abgrenzung von Klein-, Mittel- und Großbetrieben, wie in der 4. EG-Richtlinie in Bezug auf die Regelung der Bilanzierungspflichten geschehen (ein Mittelbetrieb liegt dann vor, wenn zwei der nachfolgenden drei Kriterien gegeben sind: Beschäftigte 50 - 250, Bilanzsumme 2,5 - 10 Mio. DM, Umsatz 5 - 20 Mio. DM) löst das angesprochene Problem nicht. Dies liegt darin begründet, daß diese quantitativen Kriterien nur in einem

---

[1] Die Begriffe Unternehmen, Unternehmung und Betrieb werden in den Ausführungen synonym verwandt, da eine Differenzierung in dem vorliegenden Zusammenhang nicht sinnvoll erscheint. Dasselbe gilt für die Begriffe mittelständisches und mittleres Unternehmen.
[2] vgl. Stehle, H., Die GmbH für mittelständische Unternehmen, 6. Aufl , Stuttgart 1992; Nagel, R., Kostenmangement im Mittelstand, Stuttgart 1988
[3] vgl. Holzhuber, Th., Strategische Unternehmensführung in Klein- und Mittelbetrieben, Wien 1984, S. 136

2

geringen Umfang das Charakteristische eines mittelständischen Unternehmens ausmachen. Somit muß zusätzlich auf qualitative Kriterien zurückgegriffen werden, um eine für die zu erörternde Problemstellung praktizierbare und aussagefähige Begriffsbestimmung zu erhalten. Allerdings ist in der Literatur keine einheitliche Auffassung darüber feststellbar, welche qualitativen Wesensmerkmale ein mittelständisches Unternehmen zutreffend charakterisieren.[4]

Aufgrund einer Auswertung der in der Literatur genannten qualitativen Kriterien - diese erhebt keinen Anspruch auf Vollständigkeit - konnten 19 unterschiedliche Kriterien festgestellt werden. Die folgenden Kriterien werden am häufigsten als charakteristisch für die mittelständischen Unternehmen genannt [5]:

- der Eigentümer ist wesentlich an der Geschäftsführung beteiligt und trägt das unternehmerische Risiko [6]
- die Geschäftsführung (Eigentümer) umfaßt eine Person oder eine kleine Personengruppe
- ein persönliches Verhältnis zwischen Eigentümer /Geschäftsführung und den Mitarbeitern (zumindest zu den mit Leitungs- und Führungsaufgaben betrauten Mitarbeitern) ist erkennbar
- die Finanzierung erfolgt nicht über den Kapitalmarkt (im engeren Sinn)
- die Unternehmung bildet die alleinige oder die überwiegende Erwerbsquelle und damit die dauernde und wirtschaftliche Existenzbasis des Eigentümers / der Eigentümer
- die Unternehmensleitung ist weitgehend unabhängig vom Willen betriebsfremder Dritter. Dieses Kriterium ist nicht gegeben, wenn das juristisch selbständige Unternehmen wirtschaftlich einer Firmengruppe zuzuordnen ist und nicht eigenständig handeln kann.

Die vorstehenden Kriterien sind auch dann als gegeben anzunehmen, wenn an die Stelle des Eigentümers ein Manager tritt, der die Leitungsfunktion des Unternehmens übernimmt. Als Gründe für diesen Fall sind zu nennen:

- hohes Alter des Eigentümers
- Platzhalter für die Unternehmernachfolger
- noch ungeregelte Unternehmernachfolge.

---

[4] siehe Mugler, J., Betriebswirtschaftslehre der Klein- und Mittelbetriebe, 2. Aufl.,Wien - New York 1995, S. 18 ff.
[5] vgl. Gantzel, K.-J., Wesen und Begriff der mittelständischen Unternehmnung, Köln/Opladen 1962, S. 137; Bickel, W., Der gewerbliche Mittelstand heute - Definition und Einordnung, in: ZfO 1981, S. 1982; Steiner, J., Die personelle Führungsstruktur in mittelständischen Betrieben, Göttingen 1980, S. 5; Bundesministerium für Wirtschaft, Unternehmensgrößenstatistik, Daten und Fakten, Bonn 1993, S.2;
[6] vgl. Bundesdrucksache VI/1666 vom 29.12.1970

In Grenzfällen sollte die Selbsteinschätzung des Unternehmers den Ausschlag für die Zuordnung zu der Gruppe der mittelständischen Unternehmen geben.[7] Aufgrund der vorstehenden Darlegung ist ein mittelständisches Unternehmen durch einen mehrdimensionalen Maßstab, in den qualitative und quantitative Kriterien eingehen, zu bestimmen, wobei den quantitativen ein hohes Gewicht beigemessen werden muß.[8]

Exkurs: Mittelstandsbestimmung in der BRD und auf internationaler Ebene

BRD:

Im Rahmen der Wirtschaftspolitik der Bundesrepublik wird auf eine Begriffsbestimmung für mittelständische Unternehmen verzichtet. So wird in den Grundsätzen einer Strukturpolitik für kleine und mittlere Unternehmen ausgeführt: "Eine generelle und schematische Definition `Klein- und mittlere Unternehmen` hält die Bundesregierung nicht für sinnvoll. Zu verstehen sind darunter Unternehmen in Handwerk, Industrie, Handel, Hotel- und Gaststättengewerbe, Verkehrsgewerbe und sonstige Gewerbe, die sich in der Regel nicht über den Kapitalmarkt finanzieren und von selbständigen mitarbeitenden Inhabern geleitet werden, die das unternehmerische Risiko selbst tragen. Das schließt nicht aus, daß für bestimmte Förderungszwecke Abgrenzungen für die zu begünstigenden Unternehmen festgelegt werden".[9] In demselben Bericht werden als industrielle Mittelbetriebe Unternehmen mit einer Beschäftigungsanzahl von 50 - 499 Mitarbeitern bezeichnet.

Für bestimmte Förderunsgzwecke wurde entsprechend den vorstehenden Grundsätzen eine quantitative Festlegung der mittelständischen Unternehmen vorgenommen, wie die folgende Zusammenstellung ersichtlich macht:

Abb. 1: Mittelstandsbestimmung in der BRD

Fördermaßnahmen	Art des Unternehmens	Kriterien der Bestimmung
Öffentliches Autragswesen (Vol. vom 01.07.76)	Handwerk	Jahresumsatz ≤ 10 Mill.DM oder ≤ 65 Beschäftigte
	Einzelhandel	Jahresumsatz ≤ 5 Mill.DM
	Großhandel	Jahresumsatz ≤ 15 Mill.DM
	sonstige Gewerb.	Jahresumsatz ≤ 1 Mill.DM
	freie Berufe	Jahresumsatz ≤ 1 Mio. DM

[7] vgl. Steiner, J., a.a.O, S. 5
[8] vgl. Mugler, J., Lampe, R., Betriebswirtschaftliche Beratung von Klein- und Mittelbetrieben, in: BfuP, 6/87, S. 478
[9] Deutscher Bundestag: Grundsätze einer Strukturpolitik für kleine und mittlere Unternehmen, Drucksache VI/1666, 29.12.1970

FuE Förderung (NKFT 88)	alle eigenständiggen Unternehmen	Jahresumsatz < 200 Mill. DM		
	Forschungs- und Entwicklungseinrichtungen in den neuen Bundesländern	Jahresumsatz ≤ 20 Mill. ECU und < 250 Beschäftigte		
KfW-Programme (siehe Zeitschrift für das gesamte Kreditwesen,92 / 93, Heft 1)	alle Unternehmen	≤ 1 Mrd. DM Jahresumsatz; bei weniger als 100 Mio.DM Jahresumsatz werden 75 % des Investitionsbetrages gefördert		

Beratung

		Allgemeine	Umweltschutz	Energieein-sparung
			U m s a t z (in Mio. DM)	
	Industrie und Handwerk	≤10,0	≤ 30,0	≤30,0
Beratungsförderung des Bundes (Bundesanzeiger Nr. 1; 3.1.92)	Groß- und Außenhanndel	≤ 14,5	-	≤ 2,0
	Einzelhandel	≤ 5,0	-	≤ 2,0
	Verkehrsgewerbe	≤ 4,0	≤ 30,0	≤ 30,0
	Gastgewerbe	≤ 2, 5	≤ 30,0	≤ 30,0
	Reisebürogewerbe	≤ 2,0	≤ 30,0	≤ 30,0
	sonstiges Dienstleistungs-Gewerbe	≤ 2,0	≤ 30,0	≤ 30,0
	Handelsvertreter-Makler	≤ 1,0	-	≤ 2,0
	Wirtschaftsnahe freie Berufe	≤ 2,0	≤ 30,0	≤ 2,0

Internationale Ebene

EG

Die Kommission der Europäischen Gemeinschaften geht im allgemeinen davon aus, daß Klein- und Mittelständische Unternehmen dann vorliegen, wenn diese nicht mehr als 500 Beschäftigte aufweisen, das Anlagevermögen 75 Mill. ECU nicht übersteigt und deren Kapital in Höhe von nicht mehr als 33% von einem größeren Unternehmen gehalten wird.[10]

Rechnungslegung

Die Mittelstandsklausel im Rahmen der bilanztechnischen Vorschriften legt die EG wie folgt fest (seit 1990):

Verkürzte Bilanzaufstellung:
Bilanzsumme bis 2 Mio.ECU, Nettoumsatzerlöse/Jahr bis zu 4 Mio. ECU und bis zu einer jährlichen durschnittlichen Beschäftigungszahl von 50 Mitarbeitern

Erleichterung für die Gliederung der Bilanz:
Bilanzsumme bis zu 8 Mill. ECU, Nettoumsatzerlöse/Jahr bis zu 16 Mill.ECU und bis zu einer jährlichen durchschnittlichen Beschäftigtenzahl von 250 Mitarbeitern

In beiden Fällen müssen zwei der drei Bedingungen erfüllt sein.[11]

Beihilfekontrolle

Seit 1992 verwendet die EG-Kommission im Rahmen der Beihilfekontrolle der EG folgende Definitionen für Klein - und mittlere Unternehmen:[12]

Mittlere Unternehmen:
- nicht mehr als 250 Beschäftigte und
- Jahresumsatz ≤ 20 Mill. ECU oder Bilanzsumme ≤ 10 Mill. ECU und
- höchstens bis zu 25 % in Besitz eines oder mehrerer, die vorstehende Bedingungen nicht erfüllenden Unternehmen.

Kleine Unternehmen:
Kleine Unternehmen sind im Rahmen der Beihilfekontrolle Unternehmen, die folgende Bedingungen erfüllen:

---

[10] Kommission der Europäischen Gemeinschaften (Hrsg.): Entwurf einer Entscheidung des Rates über das Aktionsprogramm für Klein- und mittlere Unternehmen KOM(86) 445 Pndg., 26.8.1986, S. 15
[11] Amtsblatt der EG Nr. L 222/21 vom 14.8.1978 und L 317/58 vom 16.11.1990
[12] Amtsblatt der EG Nr. C 213/2 vom 19.8.1992

- ≤ 50 Beschäftigte und
- Jahresumsatz ≤ 5 Mill. ECU oder Bilanzsumme ≤ 2 Mill. ECU und
- höchstens bis zu 25 % in Besitz eines oder mehrerer, die diese Bedingungen nicht erfüllenden Unternehmen.

Statistik

Im statistischen Bericht über den Mittelstand geht das Statistische Amt der EG von folgenden Beschäftigtenzahlen aus:[13]

Anzahl Beschäftigte	Unternehmensklasse	
1 - 9	Micro-Betrieb	
10 - 99	Kleinbetrieb	⎫ Mittelstand
100 - 500	mittlere Unternehmen	⎭

Abb. 2: Definitionen mittelständischer Unternehmen in ausgewählten Industrieländern[14]

Land	Quantitative Kriterien des mittelständischen Unternehmens
Belgien	Umsatz bis 30 Mil.BF, ≤ 50 Beschäftigte, Eigenmittel ≤ 25 Mil.BF
Niederlande	private Unternehmen außer des Primären Sektors mit 10 bis weniger als 100 Beschäftigte
Großbritannien	200 - 500 Beschäftigte
Schweden, Österreich	≤ 200 Beschäftigte
USA	250 - 1000 Beschäftigte und je nach Branche differenzierte Jahresumsatzgrößen
Japan	Industrie: ≤ 100 Mil.Yen Kapital oder ≤ 300 Beschäftigte Großhandel:≤ 30 Mil.Yen Kapital oder ≤ 100 Beschäftigte Einzelhandel:≤10 Mil.Yen Kapital oder ≤ 50 Beschäftigte

---

[13] Eurostat (Hrsg.): Generaldirektion XXIII der EG-Kommission, Enterprise in Europa , Proliminary Version, May 1992
[14] vgl. BMWI, Studienreihe Nr.80,Unternehmensgrößenstatistik 1992/1993, Daten und Fakten, 1993, S. 12 f.

12 Wirtschaftliche und gesellschaftliche Bedeutung mittelständischer Unternehmen

Da sich die vorstehend dargelegten qualitativen Kriterien der mittelständischen Unternehmen als nicht operationale Erhebungskriterien eignen, beruhen die im Hinblick auf die wirtschaftliche Bedeutung der mittelständischen Unternehmen verwertbaren Informationen auf den vorstehend benannten quantitativen Kriterien. Quantitativ ist die Bedeutung kleiner und mittlerer Unternehmen für die Wirtschaft der Bundesrepublik Deutschland[15] erheblich. 99,84% aller Wirtschaftsunternehmen hatten im Jahre 1987 weniger als 500 Beschäftigte[16]. Mittelständische Unternehmen bis zu einer Beschäftigungszahl von 500 Mitarbeitern stellten im Jahre 1987 rd. 16,4 Mio. Arbeitsplätze zur Verfügung, das sind rd. 65,7% aller Beschäftigten[17]. Der Anteil am erwirtschafteten Bruttosozialprodukt lag im Jahre 1990 bei 52,4%[18].

Neben diesen rein quantitativen Strukturkennzahlen ist die Bedeutung der mittelständischen Unternehmen auch in einer gesellschaftspolitischen und wirtschaftspolitischen Ordnungsfunktion zu sehen. Hingewiesen sei in diesem Zusammenhang auf die Fähigkeit mittelständischer Unternehmen, aufgrund ihrer Flexibilität starke Positionen in Marktnischen aufzubauen. So weisen in diesen Teilmärkten mittlere Unternehmen Marktanteile bis zu mehr als 30% auf.[19]

Die bildungspolitische Bedeutung der mittelständischen Unternehmen darf in diesem Zusammenhang nicht unerwähnt bleiben. Im Jahre 1990 sind rund 80% der Auszubildenden in Unternehmen mit weniger als 500 Beschäftigten ausgebildet worden. In Unternehmen ab 500 Mitarbeitern (aufgrund der Arbeitsstättenzählung des Statistischen Bundesamtes Großunternehmen) betrug der Anteil nur 20%.[20]

Auch für die Absolventen der Hochschulen wächst die Bedeutung der mittelständischen Unternehmen als Berufsfeld. Da die Zahl der Stellen in Großunternehmen nicht in gleicher Weise gestiegen ist wie die Zahl der Hochschulabsolventen, finden diese sowohl im betriebswirtschaftlichen als auch im technischen Bereich zunehmend qualifizierte Berufsfelder in den mittleren Unternehmen.

Aufgrund der vorstehend dargelegten Bedeutung der mittelständischen Unternehmen für die Gesamtwirtschaft scheint es sinnvoll zu sein, sich mit ihren speziellen betriebswirtschaftlichen Problemen zu beschäftigen, zu denen vorrangig auch organisatorische Problemstellungen gehören.

---

[15] Aufgrund fehlenden statistischen Materials finden nur die alten Bundesländer in den folgenden Zahlen Berücksichtigung

[16] vgl. Statistisches Bundesamt, Arbeitsstättenzählung vom 25.5.1987, Heft 8, Wiesbaden 1990

[17] vgl. Bundesministerium für Wirtschaft, a.a.O., S. 14

[18] ebenda

[19] vgl. Managermagazin, Mittelständische Unternehmen der 80er Jahre, Hamburg 1981, S. 26

[20] vgl. Bundesministerium für Wirtschaft, a.a.O., S. 14

13 Organisatorische Probemstellung

In der Fachliteratur als auch in der Praxis wird in den letzten Jahren die Diskussion über die Gestaltung einer effizienten Organisationsstruktur kontrovers geführt. Das Ergebnis dieser Diskussion ist die Entwicklung immer neuer Organisationskonzepte wie Lean Organization, Lean Structure, Business Reengineering, Business Redesign, Geschäftsprozeßorganisation, fraktale Organisation. Bei allen Konzepten geht es um die Entkoppelung des magischen Dreiecks Kosten, Zeit und Effizienz im Rahmen der betrieblichen Aufgabenerfüllungsprozesse. In den entsprechenden Darlegungen wird überwiegend stillschweigend von Großunternehmen ausgegangen. Die Frage, welche Bedeutung diese Organisationskonzeptionen für die mittelständischen Unternehmen besitzen und somit eine Reorganisation ihrer Organisationsstruktur verlangen, um im zunehmenden Wettbewerb erfolgreich bestehen zu können, bleibt weitgehend unbeantwortet.

Eng mit der Beantwortung der vorstehenden Fragestellung ist die Überprüfung der immer wiederholten Aussagen im Hinblick auf die Organisationsgestaltung mittelständischer Unternehmen verbunden:

- Der Organisationsaufgabe wird in mittelständischen Unternehmen eine nur geringe Bedeutung zugeordnet.[21]
- Die Organisationsstruktur (Aufbauorganisation) ist einfach gestaltet, vorzugsweise in Form der traditionellen Organisationsstruktur (funktionalen Ein - Linienorganisation).[22]
- Den Organisationsentscheidungen wird nur eine geringe Aufmerksamkeit gewidmet[23]

Im Rahmen der Beantwortung der vorstehenden Fragestellungen wird der Versuch unternommen, Hinweise für die effiziente Gestaltung der Organisationsstruktur mittelständischer Unternehmen zu erarbeiten.

---

[21] vgl. Klaile, B., Managementberatung in mittelständischen Unternehmen, Berlin 1984, S. 60, 176; Pohl, H.-J., Die Gestaltung der Organisationsstruktur als Führungsinstrument für mittelständische Unternehmen, in: Mittelständische Unternehmen in Bremen, Schriftenreihe des Fachbereichs Wirtschaft der Hochschule Bremen, Bd. 23, 1982, S. 176
[22] vgl. von Geldern, M., Spartenorganisation in Mittelbetrieben, in: ZfO 1980, S. 154 ff; Holzhuber, Th. a.a.O., S. 25 ff; Bormann, M., Zur Bedeutung und zu den Existenzgründungshemmnissen kleiner und mittlerer Unternehmen, Frankfurt 1981, S. 16
[23] vgl. Baumberger, H.U., Die Entwicklung der Organisationsstruktur in wachsenden Unternehmen, 2. Aufl., Bern-Stuttgart 1968, S. 5

14 Strukturierung der Ausführungen

Grundlage der weiteren Ausführungen ist einerseits die empirische Untersuchung der Organisationsstrukturen mittelständischer Unternehmen im Jahre 1995. Diese empirische Untersuchung besitzt explorativen Charakter, aufgrund dessen sich Tendenzaussagen formulieren lassen; sie verfolgt aber zugleich auch die Überprüfung der vorstehenden Aussagen. Die Ergebnisse dieser Untersuchung werden mit denen einer im Jahre 1983 durchgeführten Untersuchung verglichen. Aufgrund dieses Vergleichs ist es möglich, etwaige Veränderungen in den Organisationsstrukturen mittelständischer Unternehmen zu erkennen sowie Hiweise auf bestehende Organisationsdefizite zu erhalten. Eine Beseitigung dieser Defizite ist eine Voraussetzung für die Realisierung einer Lean Production, d.h., eine Lean Production setzt eine Lean Organization voraus.

Andererseits ist eine Analyse der modernen Organisationskonzeptionen erforderlich und zwar im Hinblick auf folgende Aspekte:

- Welche Fakten sind für die Entwicklung der modernen Organisationskonzeptionen verantwortlich ?
- Sind diese neuen Organisationskonzeptionen auf bereits bekannte Konzeptionen, Forderungen und Zielsetzungen organisatorischen Gestaltungshandelns zurückzuführen ?
- Welche organisatorischen Defizite können durch sie beseitigt werden ?
- Welche Handlungsempfehlungen ergeben sich für eine effiziente Organisationsgestaltung ?

Auf der Basis der Ergebnisse der empirischen Untersuchung im Vergleich mit den Ergebnissen der Analyse der modernen Organisationskonzeptionen ist es dann möglich, Handlungsempfehlungen für die Gestaltung der Organisationsstruktur mittelständischer Unternehmen abzuleiten. Diese Handlungsempfehlungen haben dabei auch den Einsatz moderner Informations- und Kommunikationstechniken sowie deren Bedeutung für die organisatorische Gestaltung zu berücksichtigen.

2 Grundlagen der Organisationsgestaltung

21 Objekt der organisatorischen Gestaltung[24]

Die Unternehmensorganisation ist als ein Teilsystem des Gesamtsystems Unternehmung zu betrachten. Sie kann definiert werden als die systematische, planvolle Zuordnung von Mitarbeitern zu Mitarbeitern, Mitarbeitern zu Sachmitteln und Sachmitteln zu Sachmitteln, gekennzeichnet durch einen dauerhaften Regelzusammenhang im Hinblick auf die Erreichung der Unternehmensziele. Dabei ist zwischen der Gestaltung der Aufbau- (Gebildestruktur) und der Ablauforganisation (Prozeßstruktur) zu unterscheiden.

Unter der Gebildestruktur wird die Zuweisung verteilungsfähiger Aufgaben, der zu ihrer Erfüllung notwendigen Kompetenz und Verantwortung an die Mitarbeiter im Unternehmen (Bildung von Aktionseinheiten) sowie die Festlegung eines dauerhaften Beziehungszusammenhanges verstanden. Damit werden die Regelungen erfaßt, die sich auf die folgenden Sachverhalte beziehen:

- Aufgaben- und Funktionsverteilung
- Instanzenaufbau und Kompetenzsystem
- Befehls- und Verkehrswege
- Kommunikationssystem.

Die Aspekte Raum und Zeit der Aufgabenerfüllung finden ihre Berücksichtigung in der Prozeßstruktur. Sie kann umschrieben werden als die Summe dauerhafter Regelungen aller gleichzeitig und nacheinander erfolgenden Tätigkeiten, die auf die Erfüllung gleicher Aufgaben gerichtet sind, sowie als die Sicherstellung des Gesamtzusammenhanges aller betrieblichen Leistungsprozesse zur Erreichung des übergeordneten Unternehmenszieles.

Die Unterscheidung in eine Gebilde- und Prozeßstruktur wird aus rein methodischen Gesichtspunkten vorgenommen. Dies bedeutet, daß die organisatorische Gestaltung der Gebildestruktur untrennbar mit der Gestaltung der Prozeßstruktur verbunden ist und vice versa, d.h., es bestehen wechselseitige Beziehungen.

Durch die Organisationsgestaltung müssen mithin die betrieblichen Vorgänge und Beziehungen zu einer produktiven Einheit zusammengefaßt werden. Dies wird erreicht durch ein System von Regelungen. Dieses System bildet den konkreten Inhalt der Unternehmensorganisation. Durch die unterschiedliche Gestaltung dieses Systems von Regelungen ergeben sich die unterschiedlichen Organisationskonzeptionen.

Die Dynamik des betrieblichen Geschehens sowie der Unternehmensumwelt verlangt, daß das System der Regelungen nicht zur Inflexibilität bzw. Starrheit der betrieblichen

---

[24] Zu den Aufführungen dieses Kapitels siehe Wittlage, H.,Unternehmensorganisation, 5. Aufl., Berlin-Herne 1993, S. 25 ff.; ders., Methoden und Techniken praktischer Organisationsarbeit, 3. Aufl., Berlin-Herne 1993, S. 25 ff.

Beziehungen und Vorgänge führen darf. Die dadurch bedingte laufende Anpassung an die sich verändernden internen und externen Bedingungen muß aber die Prinzipien der Stabilität und Elastizität in einem ausgewogenen Verhältnis zueinander berücksichtigen. Stabilität ist als dauerhafte Strukturierung von Beziehungen und Vorgängen und Elastizität (Flexibilität) als erforderliche Anpassungsfähigkeit an sich verändernde interne und externe Sachverhalte (z.B. neue I- und K-Techniken, sich wandelndes soziales Verhalten, gesamtwirtschaftliche Entwicklungen, veränderte Formal- und Sachziele usw.) zu verstehen. Die vorstehenden Ausführungen gelten gleichermaßen für mittelständische als auch für große Unternehmen.

22 Parameter der Gebildestruktur (Aufbauorganisation)

Die gestaltende organisatorische Tätigkeit schlägt sich in den Ausprägungen der Strukturdimensionen der Organisation nieder. Diese Strukturdimensionen sind mithin keine unveränderlichen Größen sondern Gestaltungsparameter. Unter dem Begriff Parameter wird in der Mathematik die zur Unterscheidung der einzelnen Funktionen einer bestimmten Gruppe gewählte charakteristische Konstante verstanden. Auf den Bereich der Organisation wird unter diesem Begriff eine charakteristische Größe (Dimension) des jeweiligen organisatorischen Handelns begriffen.

Die folgende Aufzählung zeigt die in der Literatur behandelten Strukturdimensionen.[25]

Abb. 3: Strukturdimensionen der Gebildestruktur

- Spezialisierung
- Koordination
- (De-) Zentralisation
- Formalisierung
- Standardisierung

- Professionalisierung
- Kommunikation
- Motivationsmechanismen
- Hierarchie.

Die von einzelnen Autoren untersuchten Dimensionen weichen nach Art und Anzahl voneinander ab. Daraus wird ersichtlich, daß den vorstehenden Dimensionen sehr unterschiedliche Gewichte beigemessen werden. Weiterhin ist festzustellen, daß einige als selbständige Dimensionen aufgeführte Größen als Teildimensionen anderer Dimensionen anzusehen sind.

In den folgenden Ausführungen werden die drei Dimensionen

- Spezialisierung
- Koordination

[25] vgl. Kubicek, H., Messung der Organisationsstruktur, in: HWO, Hersg.: Grochla, E., 2. Aufl. 1980 Sp. 1781 ff.; Wolter, G., Messung der Organisationsstruktur, Stuttgart 1985

• Konfiguration

als aus- und hinreichend betrachtet[26], um die Gebildestruktur eines Unternehmens sowohl erfassen als auch unter Berücksichtigung der jeweiligen Rahmenbedingungen
(Zielsetzung, Situationsvariablen) effektiv und effizient gestalten zu können.

Als eine für die Charakterisierung der Gebildestruktur notwendige Strukturdimension
wird in der Literatur die Formalisierung angesehen.[27] Die Formalisierung beinhaltet
die schriftliche Fixierung der organisatorischen Regelungen in Form von Organigrammen, Funktionsdiagrammen, Stellenbeschreibungen, usw., zusammengefaßt in
einem Organisationshandbuch. Hierbei handelt es sich mithin um eine Dokumentation
der Ausprägungen der Strukturdimensionen Spezialisierung, Koordination und Konfiguration, nicht aber um eine eigenständige Strukturdimension. Eine entsprechende
Dokumentation findet auch für die Strukturdimensionen der Prozeßstruktur statt z.B. in
Form von Arbeitsablaufdarstellungen, Programmablaufplänen, Verfahrensanweisungen. Da die Formalisierung nur als eine Dokumentation der die jeweilige Gebilde-
bzw. Prozeßstruktur kennzeichnenden Ausprägungen der Strukturdimensionen angesehen werden darf, wird sie in den folgenden Ausführungen nicht als eine eigenständige Stukturdimension begriffen. Damit wird aber nicht die Notwendigkeit der Dokumentation der Stukturdimensionen sowohl der Gebilde- als auch der Prozeßstruktur
in Frage gestellt[28] (zu den Dokumentationsformen siehe Anlage 4).

Durch die Spezialisierung wird primär die Zuweisung von verteilungsfähigen Aufgabenkomplexen in sachlicher (Objekt, Verrichtung) und formaler (Entscheidung, Ausführung) Hinsicht auf die einzelnen Aufgabenträger im Unternehmen erfaßt. Die Koordination beinhaltet die gegenseitige Abstimmung und die Ausrichtung der Tätigkeiten der gebildeten Aktionseinheiten im Hinblick auf die Erfüllung der verteilten
Aufgabenkomplexe unter Beachtung der Zielsetzung des Unternehmens (personelle,
strukturelle, technokratische Koordination). Die Konfiguration regelt die Beziehungszusammenhänge der gebildeten Aktionseinheiten untereinander sowie die hierarchische Struktur (Leitungsbeziehungen, Anzahl der Hierarchieebenen, Leitungsspannen, Ein -/ Mehrfachunterstellungen). Die Ausprägungen dieser Strukturdimensionen
sind im Hinblick auf die konkrete Zielsetzung des Unternehmens sowie den organisatorischen Rahmenbedingungen so zu gestalten, daß sich ein " Fit " ergibt.

Das Ergebnis der Organisationsgestaltung kann in der folgenden, aus der Mengenlehre
entnommen Strukturformel dargestellt werden:

---

[26] vgl. Grochla, E., Einführung in die Organisationstheorie, Stuttgart 1978, S.31
[27] vgl. Kieser, A., Kubicek, H., Organisation, 3. Aufl. Berlin-New York 1992, S.4
[28] Zu den Zielen und Formen der Dokumentationstechniken siehe Wittlage, H.,   Methoden und
Techniken...,a.a.O., S. 106 ff.; Kayser, G., Organisation, a.a.O., S. 78

$$G = \{ S, E, K, L \}$$

G = Gebildestruktur des Unternehmens
S = Art der sachlichen Spezialisierung (Objekt, Verrichtung)
E = Art der formalen Spezialisierung (Entscheidung, Ausführung)
K = Art der Koordination (personelle, strukturelle, technokratische)
L = Art der Konfiguration (Leitungsbeziehungen: Einlinien-, Mehrlinien-, Stabliniensystem; Leitungsspannen, Anzahl der Hierarchieebenen)

Sind die Ausprägunmgen der obigen Strukturdimensionen für die verschiedenen Aktionseinheiten (primäre und sekundäre Abteilungen) unterschiedlich, so ist die Organisationsstruktur des Unternehmens mit Hilfe einer entsprechenden Anzahl unterschiedlicher Strukturformeln abzubilden.

23 Parameter der Prozeßstruktur

Wie bei der Gebildestruktur schlägt sich die Organisationsgestaltung der Prozeßstruktur in den jeweiligen Ausprägungen ihrer Strukturdimensionen nieder. Als Gestaltungsparameter der Prozeßstruktur sind zu sehen: arbeitstechnische Spezialisierung, Raum und Zeit. Unter der arbeitstechnischen Spezialisierung sind die Art und der Umfang der Arbeitsteilung/-verteilung zu verstehen. Die Dimension Raum bezieht sich auf den Ort der Aufgabenerfüllung sowie auf die Gestaltung des Arbeitsplatzes (eingesetzte Arbeitsmittel, Arbeitsunterlagen). Die Strukturdimension Zeit beinhaltet die zeitliche Abstimmung der gleichzeitig und nacheinander erfolgenden Tätigkeiten/Verrichtungen im Rahmen eines Aufgabenerfüllungsprozesses. Diese Strukturdimensionen können unterschiedliche Ausprägungen erfahren. Sie sind nicht voneinander isoliert zu sehen, sondern weisen wechselseitige Interdependenzen auf.

Wie die Gebildestruktur läßt sich die Prozeßstruktur gleichfalls in einer Strukturformel darstellen:

$$P = \{ A, R, Z \}$$

P = Prozeßstruktur der Unternehmung
A = arbeitstechnische Spezialisierung (Grad der Arbeitsteilung, Verteilung der Arbeitsmengen)
R = Ort und Gestaltung des Arbeitsplatzes (Sachmitteleinsatz: Arbeitsmittel, Arbeitsunterlagen)
Z = Zeit (Art der zeitlichen Abstimmung der Arbeitsleistungen: abfolgebunden, zeitlich gebunden, taktmäßig gebunden)

Da das Unternehmen die verschiedenen Aufgabenerfüllungsprozesse unterschiedlich gestaltet (sie weisen unterschiedliche Grade der Regelbarkeit in Abhängigkeit von der

Aufgabenart auf, z. B. Sachaufgaben, Fachaufgaben, Unterstützungsaufgaben, Leitungsaufgaben), müssen die jeweiligen Aufgabenerfüllungsprozesse durch entsprechende Strukturformeln abgebildet werden. Die Prozeßstruktur des Unternehmens wird mithin in der Summe der unterschiedlichen Strukturformeln dokumentiert, d. h. im Grenzfall weist jeder Aufgabenerfüllungsprozeß eine spezifische Strukturformel auf.

Das Ergebnis der organisatorischen Gestaltung findet mithin seinen Niederschlag in den spezifischen Ausprägungen der Parameter der Gebilde- und Prozeßstruktur. Entsprechend der Kombination unterschiedlicher Ausprägungen der Parameter lassen sich voneinander abweichende Regelsysteme strukturieren, die als Organisationskonzeptionen bezeichnet werden können. Für die Organisationsgestaltung der mitteltändischen Unternehmen bedeuten die vorstehenden Überlegungen, daß ihre Ziele und spezifischen situativen Bedingungen in den Ausprägungen der Strukturdimensionen zu berücksichtigen sind.

24 Gestaltungsziele

Die Frage nach den Zielen der Organisationsgestaltung ist schwierig zu beantworten sowohl im Rahmen der betriebswirtschaftlichen Theorie als auch der Organisationspraxis und zwar aus folgenden Gründen:

- unzureichende Erfaßbarkeit der spezifischen Ziele der Organisationsgestaltung
- Abgrenzungsschwierigkeiten zu den Zielen der Planung
- Abgrenzungsschwierigkeiten zu den Zielen der Unternehmung (Unternehmensziele).

Dabei verfolgt die Organisation als Teilsystem der Unternehmung keinen Selbstzweck, sondern sie weist einen instrumentalen Charakter auf. Ihre Hauptfunktion ist in der Unterstützung im Hinblick auf die Erreichung der Unternehmensziele zu sehen. Es liegt somit eine Ziel - Mittel - Beziehung vor. Daher werden einerseits die Ziele der Organisationsgestaltung durch die Unternehmensziele bestimmt, andererseits durch die Organisationsphilosophie. Unter der Organisationsphilosophie wird die Bewertung der unterschiedlichen formalen Organisationsstrukturen und der mit ihrer Gestaltung zusammenhängenden Prozesse verstanden. Diese Bewertung basiert auf der Beantwortung der Frage nach der Effektivität (Effizienz) der unterschiedlich gestalteten Gebilde- und Prozeßstrukturen.

Aufgrund der unterschiedlichen Effizienzansätze in der Organisationstheorie und der die Effizienz in der Praxis bestimmenden Faktoren gibt es kein einheitliches und umfassendes System organisatorischer Gestaltungsziele. Das Bemühen, allgemeingültige Ziele der Organisationsgestaltung zu formulieren, hat seit Beginn einer wissenschaftlichen Organisationstheorie und der darauf basierenden Organisationspraxis seinen

Niederschlag in den Organisationsprinzipien oder Organisationsgrundsätzen gefunden, wobei sie als Regeln zweckmäßigen Organisierens bzw. einer zweckmäßigen Organisation verstanden werden. Unter Berücksichtigung dieser Organisationsgrundsätze bzw. Organisationsprinzipien in der älteren Literatur (z.B. Theisinger, K., Mellerowicz, K., Bleicher, K.) sowie den diesbezüglichen Ausführungen in der neuen Literatur sind als Ziele der organisatorischen Gestaltung u. a. zu nennen: Flexibilität, Stabilität, klare Kompetenzabgrenzung, Anpassungsfähigkeit, ökonomische und menschliche Nützlichkeit, Entlastung des Managements, fundierte Entscheidungsfindung, Zufriedenheit der Mitarbeiter.

Diese Einzelziele sind nicht als isoliert und voneinander unabhängig zu begreifen, sondern in ein Zielsystem zu integrieren und durch Zieldimensionen und Zielkategorien zu operationalisieren.

"Zieldimensionen stellen Aggregate zieldefinierender Sachverhalte dar, die in ihrer Gesamtheit dann ein Ziel abbilden. Sie müssen folgenden Anforderungen genügen:

• organisatorische Zieldimensionen müssen organisatorisch beeinflußbar sein,
• sie müssen voneinander (weitgehend) unabhängig sein,
• sie müssen operationalisierbar sein, d.h., eine Messung in konkretisierbaren Merkmalen erlauben.

Die Zielkriterien erlauben in der nächsten Konkretisierungsstufe eine Beschreibung von Merkmalen;....sie haben nicht den Charakter von Endzielen, sondern können als Zielmaßstäbe aufgefaßt werden. Sie müssen einzelnen Dimensionen

• exakt zurechenbar sein,
• diese vollständig abbilden
• und organisatorisch beeinflußbar sein."[29]

Nachfolgend wird der Entwurf eines solchen Zielsystems dargestellt:[30]

---

[29] Welge, K., Jansen, A., Organisation, Kurseinheit 1, Ziele der organisatorischen Gestaltung, Fernuniversität Hagen 1982, S. 60 ff.
[30] Entnommen aus Welge, K., Jansen, A., a.a.O., S. 61/62

Abb. 4: Zielsystem der organisatorischen Gestaltung

Dimensionen → ↓ Kriterium	Zweckmäßige Aufgabenverteilung	Harmonisation	Bedarfsgerechte Information und Kommunikation	Qualität der Entscheidung
	• Gleichgewicht von Anforderungen und Leistungsfähigkeit • Kongruenz von Aufgagaben,Kompetenz und Verantwortung • Reibungsloser Ablauf der Prozesse • Realisierung von Lerneffekten	• intersytemische Harmonisation - innerbetriebliche Kooperation - Reduktion des Konfliktpotentials • intrasystemische Harmonisation - Fit zwischen Struktur und Unternehmensstrategie - Fit zwischen Struktur und Situation -Fit zwischen Struktur und Managementphilosophie	• schnelle und problemgerechte Bereitstellung von genauen und sicheren Informationen • Intensivicrung dcs vertikalen und horizontalen Informationsflusses • Minderung der Störanfälligkeit des Kommunikationssystems	• Rechtzeitiges Erkennen von Problemen • ausreichende Analyse der Probleme • Ausschöpfung des kreativen Potentials der Mitarbeiter bei der Alternativengenerierung • Durchführbarkeit der Entscheidung und Durchsetzungsfähigkeit der Entscheider

Dimension $\longrightarrow$ $\downarrow$Kriterium	Umfassende Ressourcennutzung	Motivation und Zufriedenheit	Anpassungsfähigkeit und Stabilität
	• bedarfsgerechte Beschaffung und Bereitstellung von Personal • sinnvolle Nutzung der Personalkapazität • bedarfsgerechte Beschaffung von Sachmitteln • umfassende Nutzung der Sachmittel	• Ermöglichung von sozialen Beziehungen • Akzeptanz der Aufgabe und Vermeidung von Rollenkonflikten • Autonomie • gehaltvoller Aufgabeninhalt mit geringer Routinisierung und Monotonie	• Sensitivität • Synergie • Slack

Dieser Entwurf eines Zielsystems der organisatorischen Gestaltung ist als ein Versuch zu verstehen, entsprechend den vorstehend aufgeführten, von einem Zielsystem zu erfüllenden Forderungen, die in der Literatur genannten sowie die in der empirischen Forschung ermittelten Ziele der organisatorischen Gestaltung systematisch zusammenzufassen. Für die konkrete Organisationsarbeit ist dieses Zielsystem, bezogen auf die jeweilige Gestaltungsaufgabe, gegebenenfalls durch zusätzliche Dimensionen und/oder Kriterien zu ergänzen. Die einzelnen Dimensionen und Kriterien sind zu gewichten, denn eine weitgehend gleiche Erfüllung aller Gestaltungsziele ist weder möglich noch sinnvoll. Das Zielsystem der organisatorischen Gestaltung ist als Bestandteil der Zielhierarchie des Unternehmens zu sehen.

Während dieses Zielsystem auch für die mittelständischen Unternehmen als zutreffend zu betrachten ist, treten in den Unternehmenszielen, die ebenfalls zu berücksichtigen sind, zwischen mittelständischen Unternehmen und Großunternehmen gravierende Unterschiede auf, die ebenfalls in der Organisationsstruktur ihren Niederschlag finden. Dies sei exemplarisch an der folgenden Gegenüberstellung verdeutlicht.

Abb. 5: Gegenüberstellung der Ziele mittlerer und großer Unternehmen

Mittelständische Unternehmen

Großunternehmen

- Erhalt der unternehmerischen
  Selbständigkeit
- ausreichender Marktanteil
- lebensnotwendiges Wachstum

- "maximale" Gewinner-
  zielung
- Marktführerschaft
- maximales Unternehmens-
  wachstum

25 Gestaltungsbedingungen

Neben den Zielen der Organisatiosgestaltung sind bei der Organiationsarbeit noch weitere Aspekte zu berücksichtigen, nämlich die Gestaltungsbedingen. Das sind Faktoren, die die organisatorische Tätigkeit und damit auch das Ergebnis der Tätigkeit, die Organisationsstruktur, beinflussen bzw. bestimmen. Über die relevanten Gestaltungsbedingungen existieren sowohl in der Theorie als auch in der Praxis voneinander abweichende Aussagen, abhängig von den jeweiligen gedanklichen Annahmen und unterschiedlichen Vorstellungen. Dies schlägt sich in der Organisationstheorie in den verschiedenen theoretischen Konzeptionen (organisations-theoretischen Ansätzen) nieder, z.B. entscheidungstheoretischer, systemorientierter, situativer Ansatz. In der Praxis zeigt sich dies darin, daß Unternehmen mit ähnlicher Zielsetzung voneinander abweichende Organisationsstrukturen aufweisen und dennoch im Hinblick auf ihre Zielsetzung erfolgreich sind. Trotz aller Bemühungen ist festzustellen, daß sich noch kein allgemein gültiger theoretischer Bezugsrahmen herausgebildet hat[31]. Von der Organisationstheorie werden keine allgemeingültigen Antworten auf die Fragen

1. Welche Bedingungen sind bei der Organisationsgestaltung zu berücksichtigen und welches ist ihr relatives Gewicht?
2. Welche Sachzwänge ergeben sich aus dem Bedingungsrahmen für die organisatorische Gestaltung und welcher Gestaltungsspielraum verbleibt?

gegeben. Im Gegenteil kommen Organisationstheoretiker und -praktiker zu unterschiedlichen und widersprüchlichen Aussagen sowohl aufgrund theoretischer Modellbetrachtungen als auch aufgrund empirischer Untersuchungen. Dieser Tatbestand ist eindeutig aus den nachfolgenden Tabellen, in denen die wichtigsten Bedingungen für die Gestaltung der Organisationsstruktur, die im Rahmen empirischer Untersuchungen ermittelt wurden, zusammengestellt worden sind, ersichtlich.

---

[31] vgl. Frese, E., Grundlagen der Organisation, 2. Aufl., Wiesbaden 1984, S.112 ff.

Abb. 6: Bestimmungsfaktoren der Organisationsstruktur mittelständischer Unternehmen

Bestimmungsfaktoren	Anzahl der Nennungen	
	Industrie	Handel
Umwelt	18	13
Strategie	13	10
erfolgreiche Unterneh-men	5	7
Tradition	9	3
sonstige	2	2
Gesamtzahl Nennungen	47	35

(Ergebnis einer empirischen Untersuchung mittelständischer Unternehmen im Jahre 1983, siehe: Dornieden, U., Schulte, P., Wittlage, H., Entscheidungsprozesse mittelständischer Unternehmen, Bericht aus der Fachhochschule Münster 7, Fachbereich Wirtschaft, Münster 1987, S.18)

Abb. 7a: Bewertung der wichtigsten Bedingungen für die Gestaltung der Organisationsstruktur eines Unternehmens

	Einflußgrößen	Rang-wert-summe	Anzahl d. Nen-nungen	durchschn. Rangwert
	Angaben von Organisationsspezialisten (n = 49)			
1	Management-Philosophie	96	26	3.7
2	Diversifikation	90	27	3.3
3	Größe	78	22	3.5
4	Konkurrenzverhältnisse	48	16	3.0
5	Kundenstruktur	44	13	3.4
6	Herkunft u. Tradition	38	11	3.5
7	Technologischer Fortschritt	37	15	2.5
8	Fertigungstechnologie	31	12	2.6
9	Rechtsform u. Eigentums-verhältnisse	20	5	4,0
10	Standort	19	5	3,8
11	Professonalisierung	15	6	25
12	Orientierung an Personen	12	6	2.0
13	Konzernabhängigkeit	11	4	2.8
14	Entwicklungsphase d.Unternehmung	10	3	3.3
15	Struktur der Geschäftsleitung	8	3	2.7
16a	Image der Unternehmung	4	2	2.0
16b	Informationstechnologie	4	2	2.0
16c	Institutionelle Be-dingungen d. org. Gestaltung	4	1	4,0
19a	Fertigungstiefe	3	1	3.0
19b	Fertigungspolitik	3	2	1.5
21	Gewichtung von Funktionen	1	1	1.0
22	Organisationstheoretisches Wissen	0	0	0

Abb. 7b: Bewertung der wichtigsten Bedingungen für die Gestaltung der Organisationsstruktur eines Unternehmens[32]

	Angaben von Top-Managern (n = 49)			
	Einflußgrößen	Rang-wert-summe	Anzahl d. Nen-nungen	durchschn. Rangwert
1	Diversifikation	81	21	3.9
2	Management-Philosophie	77	21	3.7
3	Größe	57	16	3.6
4	Kundenstruktur	46	13	3.5
5	Konzernabhängigkeit	29	9	3.2
6	Fertigungstechnologie	27	11	2.5
7	Konkurrenzverhältnisse	26	8	3.3
8a	Technolog. Fortschritt	23	8	2.9
8b	Entwicklungsphase der Unternehmung	23	5	4.6
10	Rechtsform u. Eigen-tumsverhältnisse	22	7	3.1
11	Standort	16	7	2.3
12a	Orientierung an Personen	15	5	3.0
12b	Herkunft u. Tradition	15	4	3.8
14	Gewichtung v. Funktio-nen	10	3	3.3
15	Professionalisierung	9	3	1.8
16	Organisationstheore-tisches Wissen	8	2	4.0
17	Struktur d. Geschäfts-leitung	6	3	2.0
18	Fertigungstiefe	3	1	3.0
19a	Image d. Unternehmung	2	2	1.0
19b	Personalpolitik	2	2	1.0
21	Informationstechnologie	1	1	1.0
22	Institutionelle Bedingungen	0	0	0

[32]nach Kubicek, H., Die Vorstellungen von Top-Managern und Organisationsspezialisten von den Einflußgrößen der Organisationsstruktur, Arbeitspapier Nr. 13/76, Institut für Unternehmensführung im Fachbereich Wirtschaftswissenschaften der F.U. Berlin, Berlin 1976

Sowohl in den situativen Bedingungen als auch in ihrer Entwicklung bestehen gravierende Unterschiede zwischen den mittelständischen Unternehmen einerseits und den Großunternehmen andererseits. Dies sei exemplarisch an folgender Gegenüberstellung dargelegt.

Abb. 8: Vergleich ausgewählter Gestaltungsbedingungen

mittelständische Unternehmen	*Großunternehmen*
• beschränkte finanzielle Ressourcen	• umfangreiche finanzielle Ressourcen
• Orientierung an Personen	• Orientierung vorrangig an sachlichen Aspekten
• Herkunft und Tradition	• wirtschaftliche Entwicklungsmöglkeiten

Aufgrund der bisherigen Ausführungen kann der Gesamtzusammenhang der Organisationsgestaltung im folgenden Schaubild dargestellt werden. Gebilde- und Prozeßstruktur bestimmten die Effizienz der Aufgabenerfüllung, d.h., den Zielerreichungsgrad im Hinblick auf die Unternehmensziele.

Abb. 9: Geamtzusammenhang der Organisationsgestaltung

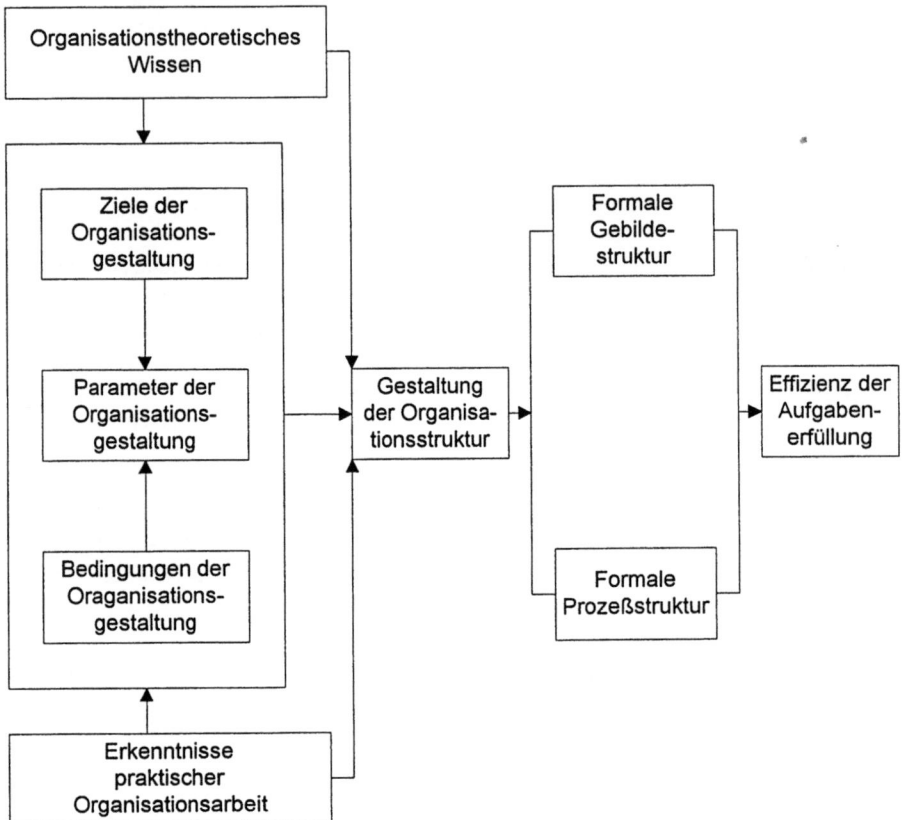

26 Praktisches Vorgehen [33]

Der organisatorische Gestaltungsprozess bedingt, um erfogreich zu sein, eine sytematische und planvolle Vorgehensweise, die auf dem Kreislauf der Organisatioin beruht.

261 Zyklus der Organisationsgestaltung

Bei der Organisationsarbeit bedient man sich einer Mischform aus induktiver und deduktiver Vorgehensweise. Auf der Basis empirisch gewonnener Erkenntnisse in Bezug auf Gestaltungsziele, Gestaltungsbedingungen, organisatorischer Problemstellung und Ursachen des zu lösenden Organisationsproblems wird eine konzeptionelle Lösung erarbeitet, die aufgrund einer erneuten Überprüfung anhand der Bedingungen des Istzustandes modifizert wird. Aufgrund dieses Vorgehens ergibt sich ein Kreislauf (Zyklus) der Organisationsgestaltung.

Abb. 10: Phasen des organisatorischen Gestaltungsprozesses

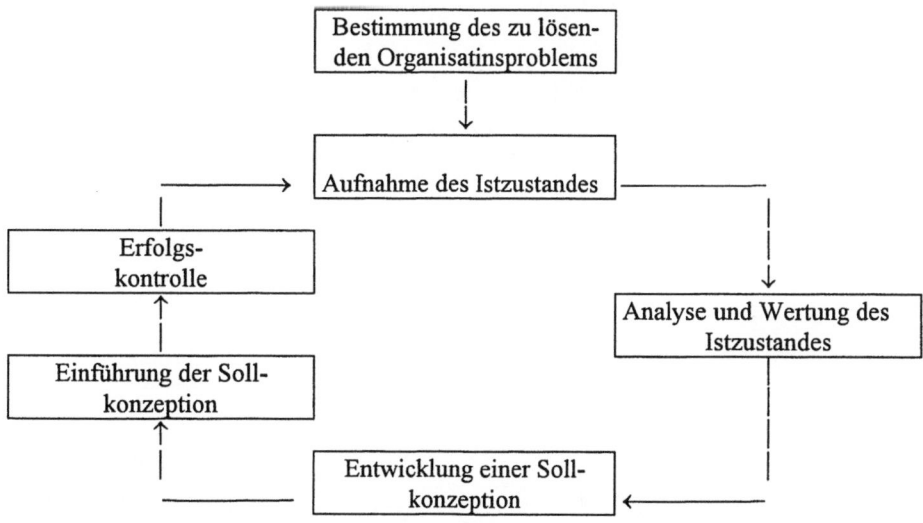

Phase 1: Auswahl des zu lösenden Problems und Formulierung des Organisationsauftrages (Impuls für die Ingangsetzung des Organisationszykluses)
Phase 2: Erfassung des Istzustandes (Informationsgewinnung)

---

[33] Zu den folgenden Ausführungen siehe Wittlage, H., Methoden und Techniken der praktischen Organisationsarbeit, 3. Aufl., Herne - Berlin 1993, S. 32 ff.

Phase 3: Analyse und Wertung des Istzustandes (Schwachstellen - / Stärkenanalyse und Kritik)

Phase 4: Entwicklung einer Sollkonzeption (Erarbeitung und Bewertung alternativer Lösungsmöglichkeiten und Bestimmung der zu realisierenden Alternative)

Phase 5: Einführung der ausgewählten Sollkonzeption (Durchführung der Reorganisationsmaßnahmen)

Pahse 6: Kontrolle der Realisierung im Hinblick auf die Lösung des Organisationsproblems (Diese Kontrolle kann in Form einer erneuten Aufnahmen des nunmehrigen Istzustandes erfolgen, so daß sich hier der Organisationszyklus schließt bzw. sich der Eintritt in die erste Phase eines neuen Organisationszykluses ergibt).

Aufgabenart und -umfang für die in den einzelnen Phasen des Organisationszykluses tätigen Personen ergeben sich aus der folgenden Darstellung.

Abb. 11: Aufgabenverteilung im organisatorischen Gestaltungsprozeß

Phasen Nr.	inhaltliche Beschreibung der Phasen	Aufgabenträger		
		Unterneh- mensleitung (Auftrag- geber) [x]	Organisator[xx]	Mitarbeiter des Untersu- chungsberei- ches
1	Bestimmung des zu lösen- den Organisationsproblems, Formulierung des Organisa- tionsauftrages und Beauf- tragung eines internen oder externen Organisators	O	X	
2	Erfassung des Istzustandes (Organisator wählt die einzusetzenden Informa- tionsgewinnungstechniken aus und steuert den Einsatz)		O	X
3	Analyse und Wertung des Istzustandes (Stärken- / Schwächenanalyse, Grund- satz- und Verfahrenskritik)		O	X
4	Erabeitung der zu realisie- renden Sollkonzeption (Generierung und Be- wertung alternativer Lösun- gen, Vorschlag der zu realiserenden Alternative)		O	
5	Bestimmung der zu reali- sierenden Problemlösung	O	X	
6	Realisierung der Problem- lösung		O	X
7	Kontrolle der Realisierung (Vergleich der realisierten Problemlösung mit der projektierten)		O	X

Zeichenerklärung: O = Treffen von Entscheidungen und Wahrnehmung der ausführenden Tätigkeiten

X = unterstützende Tätigkeiten, insbesondere Bereitstellung von
Informationen

Anmerkungen : x = In mittelständischen Unternehmen ist der Auftraggeber die Unternehmensleitung; in Ausnahmefällen wird ein Abteilungsleiter im
Auftrage der Unternehmensleitung tätig.

xx = In mittelständischen Unternehmen ist häufig kein Organisator
vorhanden, so daß ein entsprechend qualifizierter Mitarbeiter die
Funktion eines Organisators übernimmt bzw. ein externer Organi-
sationsfachmann (Berater) mit der Durchführung der Organisationsaufgabe beauftragt wird.

262 Träger der Organisationsgestaltung

Für die mittelständischen Unternehmen ist die Frage, wer die Aufgabe der Organisationsgestaltung wahrzunehmen hat, oftmals schwierig zu beantworten, da in den
meisten Fällen keine entsprechend qualifizierten Mitarbeiter vorhanden oder diese mit
der Wahrnehmung anderer Aufgaben ausgelastet sind. Daher hat sich folgendes
Vorgehen als praktikabel erwiesen. Einfache Organisationsaufgaben, die nur eine
Abteilung betreffen und keine grundlegenden Veränderungen erfordern, sind von den
Abteilungsleitern unter Mitwirkung der jeweiligen Mitarbeiter wahrzunehmem. Für
abteilungsübergreifende organisatorische Gestaltungsaufgaben, die grundlegende
Veränderungen der Gebilde - und Prozeßstruktur erfordern, sind Arbeitskreise zu
bilden, die sich aus der Unternehmensleitung, Abteilungsleitern und qualifizierten
Mitarbeitern der betroffenen Abteilungen zusammensetzen. Sind entsprechende
personelle Ressourcen nicht vorhanden, d.h., sind die in Frage kommenden Mitarbeiter
durch die laufende Aufgabenerfüllung ausgelastet und nicht mit der Mitarbeit im
Rahmen der Organisationsgestaltung zusätzlich belastbar, so ist auf externe Mitarbeiter
(Organisationsberater) zurückzugreifen.

Entsprechend Art und Umfang der anstehenden Gestaltungsaufgabe ist eine Form der
Projektorganisation[34] zu wählen, die eine effiziente Aufgabenerfüllung sicherstellt
(siehe Anlage 5).

Beim Einsatz externer Mitarbeiter sollte die weitestgehend mögliche Beteiligung
unternehmenseigener Mitarbeiter angestrebt werden.

Wenn in den folgenden Ausführungen der Terminus Organisator verwandt wird, so ist
darunter die Person zu verstehen, die mit der Wahrnehmung der Organisationsaufgabe
beauftragt worden ist.

---

[34] Zu den Formen der Projekorganisation siehe Wittlage, H., Unternehmensorganisation, 5. Aufl. ,
Herne - Berlin 1993, S. 161 ff.

263 Berücksichtigung der Komplexität der organisatorischen Gestaltungsaufgabe

Bei der Behandlung komplexer Organisationsprobleme wiederholen sich die Phasen des Organisationszykluses Bestimmung des zu lösenden Organisationsproblems, Istaufnahme , Istkritik, Entwicklung eines Lösungskonzeptes in den Stufen

- Voruntersuchung (Vorstudie)
- Hauptuntersuchung (Hauptstudie)
- Einzeluntersuchung (Teilstudie).

Je nach dem Kenntnisstand des Organisators über die betrieblichen Gegebenheiten - dies ist vor allem davon abhängig, ob es sich um einen internen oder einen externen Organisator handelt - können die einzelnen Stufen mehr oder weniger datailliert durchgeführt werden. Dabei kann sich eine Stufe auch mehrfach wiederholen.

2631 Voruntersuchung

Die Voruntersuchung bildet die Grundlage für die Durführung einer Reorganisation. Dies gilt sowohl für den Einsatz interner als auch externer Organisatoren. Bei unternehmensinternen Organisatoren ist aber der Zeitaufwand aufgrund der bereits vorhanden Betriebskenntnisse geringer. In der Voruntersuchung müssen folgende Informationen erarbeitet werden:

- Klarstellung der Betriebsziele
  Wie empirische Untersuchungenn aufgezeigt haben, gilt für den ökonomischen Bereich als Formalziel nicht nur das Gewinnmaximierungsprinzip. Außer dieser Zielsetzung können auch andere Formalziele angestrebt werden z.B. Umsatzmaximierung bei einer vorgegebenen Gewinngröße, Kostendeckung, Erhalt von Arbeitsplätzen, angemessene Kapitalverzinsung, Erzielung eines gesicherten Unternehmereinkommens, Sicherstellung der Eigenständigkeit des Unternehmens. Die beiden zuletzt genannten formalen Ziele stehen bei mittelständischen Unternehmen im Vordergrund. Über die jeweilige betriebliche Zielsetzung - sie kann allein nur vom Unternehmer bzw. von den dafür zuständigen Organen eines Unternehmens festgelegt werden - muß der Organisator Kenntnis besitzen, um seine Organisationsgestaltung darauf ausrichten zu können.
  Diese Informationen gewinnt der Organisator aufgrund eines Gesprächs (Diskussion) mit der Unternehmensleitung (Auftraggeber). Oftmals muß die betriebliche Zielsetzung aber erst in diesem Gespräch erarbeitet werden.
- Festlegung des Aufgabenumfanges bezüglich des durchzuführenden Gestaltungsprozesses
  Hierzu bedarf es zunächst einer groben Erfassung des Untersuchungsbereiches (Mengen -, Zeit- und Wertgerüst) sowie der Schnittstellen zu angrenzenden nicht in

die Untersuchung einzubeziehender Sachgebiete. Aufgrund dieser Information ist es dem Organisator erst möglich, die einzusetzenden Organisationsmethoden und - techniken, den Arbeitsumfang, den Zeitbedarf, den Terminplan und den Aufwand der Organisationsuntersuchung festzulegen.

Die erforderlichen Informationen gewinnt der Organisator einerseits durch eine Betriebsbegehung (nur bei externen Beratern) und andereseits durch die Analyse z.B. folgender betrieblicher Unterlagen (Dokumentenanalyse):

- Stellengliederungspläne (Organigramme)
- Stellenbesetzungspläne (Personalverzeichnis)
- Raumbelegungspläne
- Aufstellungen der wichtigsten eingesetzten Arbeitsmittel (z.B. Konfiguration der installierten EDVA)

• Erstellung eines Kurzberichtes

Den Abschluß der Voruntersuchung bildet die Erstellung eines Kurzberichtes (bei externen Beratern in Form eines Angebotes). Er beinhaltet die Darstellung der Ausgangsbasis der Organisationsuntersuchung (grobe, umrißartige Dokumentation des Istzustandes), die einzusetzenden Organisationsmethoden und - techniken, einen Terminplan sowie die Kosten (Preis) der Organisationsuntzersuchung. Das Kernstück der Voruntersuchung bildet eine Kosten - / Nutzenschätzung, d.h., eine Gegenüberstellung der Kosten der Reorganisation und des erzielbarenn Erfolges (prognostizierte Kostenersparnis und / oder Ertragsverbesserung aufgrund der anzustrebenden Reorganisationsmaßnahmen). Aufgrund des Kurzberichtes ist es möglich, eine Entscheidung darüber zu treffen, ob die Reorganisation in ihrer ursprünglichen bzw. in modifizierter Form durchgeführt werden soll. Es ist aber durchaus denkbar, daß selbst bei einer ungünstigen Kosten - / Nutzenschätzung aufgrund zwingender Notwendigkeiten, z. B. Verlust der Selbständigkeit, Verdrängung vom Markte, die Reorganisation durchgeführt werden muß. Dies kann in der Kosten - / Nutzenschätzung dadurch berücksichtigt werden, daß in sie auch solche Tatbestände in Form von durch die Reorganisation vermeidbarer Ertragseinbußen einbezogen werden.

2632 Hauptuntersuchung

Das Ziel der Hauptuntersuchung besteht darin festzulegen, welche Aktionseinheiten, Teilaufgaben und Aufgabenerfüllungsprozesse detailliert analysiert werden müssen, um die komplexen organisatorischen Beziehungszusammenhänge erkennen, dokumentieren , Schwachstellen und Stärken feststellen und Reorganisationsmaßnahmen erarbeiten zu können. Dazu bedarf es der Lösung der folgenden Fragenkomplexe:

• Welche überschaubaren Teil - und Untersysteme können für den Untersuchungsbereich gebildet werden ? (Teilsysteme: Informationssystem, Managementsystem, Personalsystem; Untersysteme: Material - , Fertigungs - , Vertriebs - und Verwaltungsbereich). Als Kriterien können Verwendung finden: Beschränkung auf eine oder wenige Teilaufgaben, Minimierung der Interdependenzen zu anderen Teil - und Untersystemen, Gestaltung einer flexiblen Teilkonzeption.

- Welche Schnittstellen entstehen zwischen den gebildeten Teil - und Untersystemen ? Welche sachlich bedingte Reihenfolge ergibt sich für die Bearbeitung der gebildeten Teil - und Untersysteme ? Kriterium für die Festlegung der Priorität der Bearbeitung ist der Einfluß der Gestaltung eines Teil - oder Untersystems auf die übrigen Teil - bzw. Untersysteme. Dabei ist es durchaus denkbar, daß eine simultane Bearbeitung aufgrund des Gewichts zirkularer Beziehungen erforderlich wird.
- Welches globale Lösungskonzept wird angestrebt (z.B. Implementierung eines dv - gestützten Informationssystems, Einsatz vernetzter PCs) und welche Bedingungen ergeben sich hieraus für die Teilkonzeptionen der einzelnen Teil - und Untersysteme (z.B. Einsatz bestimmter Arbeitsmittel - und Arbeitsunterlagen)?

Diese vorstehend dargelegte Vorgehenssystematik hat sich in der praktischen Organisationsarbeit als sinnvoll erwiesen, weil nur auf diesem Weg kompatible Teilkonzeptionen entwickelt werden können, die eine befriedigende Gesamtkonzeption ergeben. Weiterhin bedingt die Lösung komplexer Organisationsprobleme eine Segmentierung vorstehender Art, da der Organisator einerseits nicht in der Lage ist, simultan alle organisatorischen Beziehungszusammenhänge und Aspekte zu berücksichtigen, andererseits eine arbeitsteilige Vorgehensweise eines Organisationsteams ermöglicht werden muß. Zudem wird so ein gewisser Zwang zu einer aussagefähigen Dokumentation auf alle an der Untersuchung beteiligten Mitarbeiter ausgeübt und eine erhöhte Transparenz im Hinblick auf die Gesamtkonzeption erreicht. Die negativen Auswirkungen des sogenannten " Experteneffektes " können zudem vermieden werden.

2633 Einzeluntersuchung

Entsprechend der in der Hauptuntersuchung festgelegten Reihenfolge (Prioritäten) werden die gebildeten Teil - und Untersysteme einer Einzeluntersuchung unterzogen. Diese Einzeluntersuchungen beinhalten:

- Aufgabenanalyse / Aufgabengliederungsplan
- Arbeitsanalyse / Arbeitsablaufdarstellungen
- Ermittlung desMengen -, Zeit - und Wertgerüstes
- Schwachstellen - und Stärkenanalyse (Kritik des Istzustandes)
- Erarbeitung einer zu realisierenden Problemlösung (Sollkonzeption).

Die Ergebnisse dieser Einzeluntersuchungen sind integrationsfähige Teilkonzeptionen für die einzelnen Teil - und Untersysteme.
Ausgehend von den in der Hauptuntersuchung gewonnenen Erkenntnissen und gesetzten Bedingungen (Restriktionen) werden in der Einzeluntersuchung die be-

triebsspezifischen Fakten einer eingehenden Analyse unterzogen. Auf dieser Basis wird unter Beachtung der erkannten Schwächen und Stärken sowie unter Berücksichtigung der veränderten organisatorischen Bedingungen und Zielsetzungen ein detailliertes Lösungskonzept entwickelt (Synthese). Haupt - und Einzeluntersuchung unterscheiden sich einerseits durch den Bezugsbereich (Gesamt -, Teilbereich) und andererseits durch den Detaillierungsgrad.

Abschließend muß angemerkt werden, daß Haupt - und Einzeluntersuchung in der praktischen Organisationsarbeit fließende Übergänge aufweisen. Entscheidend ist nur, daß die vorstehend beschrebenden Inhalte beider Untersuchungen in der Organisationsarbeit Berücksichtigung finden. Die rein formale Unterscheidung in Haupt - und Einzeluntersuchung ist dagegen nur von geringem Gewicht.

264 Phasen des organisatorischen Gestaltungsprozesses

Wie bereits in der Darstellung der praktischen Vorgehensweise in Abhängigkeit von der Komplexität der organisatorischen Gestaltungsaufgabe aufgezeigt wurde, weisen Vor -, Haupt - und Einzeluntersuchung dieselben Strukturen auf, d.h., sie beinhalten die gleichen Phasen des Gestaltungsprozesses auf.

2641 Auswahl der Organisationsaufgabe und Planung des Gestaltungsprozesses

Organisatorische Gestaltungsprozesse können bedingt sein durch Veränderungen der organisatorischen Gestaltungsziele und - bedingungen, veränderter und / oder erweiterter Aufgabenstellungen sowie Schwachstellen der Gebilde - und Prozeßstruktur. Oftmals werden aber nur die Symptome und nicht die Ursachen der organisatorischen Mängel wahrgenommen. Dies drückt sich dann in sehr ungenauen und allgemeinen Formulierungen wie " Da ist etwas nicht in Ordnung " oder " In dem Unternehmensbereich sind Verbesserungen vorzunehmen " aus. Es ist daher erforderlich, daß vor Beginn einer Reorganisation das zu bearbeitende Organisationsproblem wie folgt beschrieben wird:

- Darlegung der festgestellten Zielabweichungen und / oder der erkannten organisatorischen Schwachstellen. Hier ist zunächst zu untersuchen, ob es sich bei den erkannten Mängeln um organisatorische Schwachstellen handelt bzw. ob sich die festgestellten Zielabweichungen durch organisatorische Maßnahmen beseitigen lassen. Weiterhin ist zu versuchen, die Ursachen bzw. Ursachenketten offenzulegen. Zu Beginn einer Organisationsuntersuchung wird es oftmals nur möglich sein, vorstehende Fakten mehr oder weniger genau darzulegen. Daher bedarf es im Verlaufe des Organisationsgestaltungsprozesses einer dauernden Verfeinerung dieser Fakten. Nur hierdurch wird eine sinnvolle Weiterarbeit ermöglicht.
- Eingrenzung der Unternehmensbereiche, in denen die Organisationsuntersuchung durchzuführen ist. Das Unternehmen ist ein so komplexes sozio - technisches Sy-

stem, daß eine vollständige und umfassende Untersuchung aus Kosten - und Zeitgründen nicht möglich ist. Dies trifft auch für mittelständische Unternehmen zu. Die Organisationsuntersuchung muß sich auf den Unternehmensbereich (- bereiche) beschränken, der für die zu lösende Problemstellung von Bedeutunmg ist. Dies beinhaltet notwendigerweise auch die Berücksichtigung der Schnittstellen und Einflüsse zu anderenn Unternehmensbereichen.

- Festsetzung des anzustrebenden Zieles sowie der Kriterien zur Messung des Grades der Zielerreichung. Unter den anzustrebenden Zielen ist der zu erreichnde organisatorische Endzustand zu verstehen, der aufgrund der Reorganisationsmaßnahmen erreicht werden soll. Um nach abgeschlossener Reorganisation den Zielerreichungsgrad feststellen zu können, sind im vorhinein quantitative Kriterien (Maßstäbe) festzulegen, z. B. Bearbeitungszeiten, Durchlaufzeiten, Kostengrößen, Personalbestand, usw..
- Wenn es zu diesem Zeitpunkt der Untersuchung bereits möglich ist, sind die zu ergreifenden Reorganisationsmaßnahmen (nur global, nicht differenziert) festzulegen, zumindest sind die Restriktionen zu benennen, die bei den zu erarbeitenden Reorganisationsmaßnahmen zu berücksichtigen sind. Sie können sachlicher und zeitlicher Natur sein. Bei den sachlichen Restriktionen überwiegen die finanziellen Nebenbedingungen (z.B. Investitionsvolumen, Kosten), doch werden oftmals auch personelle Nebenbedingungen relevant (z.B. Verbleiben bestimmter Mitarbeiter auf ihren bisherigen Stellen, dies insbesondere bei mittelständischen Familienunternehmen).
  Durch diese Restriktionen wird der Rahmen möglicher Lösungsalternativen eingeschränkt. Dies kann einerseits von Vorteil sein, da sich die Untersuchung auf die verbleibenden Lösungsalternativen konzentriert (Zeit - und Kostenersparnis, Erarbeitung nur praktikabler Reorganisationsmaßnahmen). Andererseits sind diese Restriktionen einer kritischen Überprüfung zu unterwerfen, da sonst effiziente Problemlösungen in den weiteren Überlegungen keine Berücksichtigung finden.

Je nach dem Grad der Genauigkeit der vorstehend beschriebenen Tatbestände kann von einer offenen bzw. einer engen Projektformulierung gesprochen werden. Je enger die Projektformulierung gestaltet wird, desto gezielter wird die Organisationsuntersuchung ansetzen können und desto höher wird der Zielerreichungsgrad sein. Unabhängig davon sollte die Projektformulierung immer in schriftlichert Form dokumentiert werden, um später Unstimmigkeiten über Ziel und Umfang der Reorganisationsuntersuchung auszuschließen. Zudem zwingt diese schriftliche Formulierung dazu, nur tatsächlich vorhandene Organisationsprobleme einer weiteren Bearbeitung zu unterziehen. Dies Vorgehen gilt sowohl für das Tätigwerden interner (unternehmenseigener) als externer (unternehmensfremder) Organisatoren.
Weiterhin sind in dieser Phase die Form der Organisationsstruktur, in der die Reorganisation durchgeführt werden soll, die Terminplanug und ein Budget zu erarbeiten.

Bei der Frage der Organisationsstruktur geht es um die Entscheidung über die Form der Projekorganisation. Als Alternativen kommen die Projektkoordination, die Matrixorganisation und die reine Projektorganisation in Betracht. Generell ist die Tendenz feststellbar, daß in der Praxis bei großen und für die Unternehmung bedeutenden Organisationsproblemen die reine Projektorganisation gewählt wird (Diese führen zu grundlegenden Veränderungen der Gebilde - und Prozeßstruktur). Bei kleinen und weniger bedeutsamen Projekten hingegen findet sowohl die Projektkoordination als auch die Matrixorganisation Verwendung. Mit der Form der Orginasitionsstruktur werden zugleich die Mitarbeiter (externe, interne, full - time, part - time Mitarbeiter) bestimmt sowie die Entscheidungs -, Beratungs - und Informationszuständigkeiten geregelt.

Die Überlegungen in Bezug auf die Fixierung des zu lösenden Oraganisationsproblems sowie die Entscheidung über die Organisationsstruktur finden ihren Niederschlag in der Terminplanung. In ihr werden die Ablaufphasen aufgrund der Zeitvorgaben, die auf Schätzungen / Erfahrungswerten beruhen, zeitlich terminiert. Praktische Erfahrungen zeigen, daß die Phase der Istaufnahme ein Viertel bis ein Drittel des Gesamtzeitaufwandes beansprucht, ein Drittel auf die Istkrit und die Erarbeitung der Sollkonzeption zu verwenden und der verbleibende Zeitaufwand der datuillerten Ausarbeitung und Einführung der Sollkonzeption zuzurechnen ist. Bei der Terminplanung bedient man sich der untertschiedlichen Methoden der Netzplantechnik (Critical Path Method [CPM], Programm Evaluation and Review Technique [PERT], Metra Potential Methode [MPM]). Je nach der im Vordergrund stehenden Zielsetzung, Steuerung und / oder Kontrolle des Projektes, wird die einzusetzende Methode ausgewählt.

Die Phase der Auswahl des zu lösenden Organisationsproblems und der Planung des Organisationsgestaltungsprozesses wird abgeschlossen mit der Budgeterstellung. In ihr werden alle durch die Organisationsuntersuchung bedingten Aufwendungen (Personal- und Sachaufwendungen), nach Aufwandsarten differenziert, zusammengestellt. Bei dem Einsatz externer Berater ist ein wesentlicher Posten dieses Budgets der Preis, der mit dem externen Berater für dessen zur Verfügung zu stellenden Dienstleistungen ausgehandelt wird. Hierbei ist es üblich, die Phasen der Istaufnahme bis einschließlich der Erarbeitung einer Problemlösung mit einer Pauschale abzugelten. Die Basis bilden die aufzuwendenden Mann - Tage. Die Einführung der Sollkonzeption wird dann nach den effektiv geleisteten Mann - Tagen abgerechnet.

2642 Aufnahme des Istzustandes (Informationsgewinnung)

Der Auswahl des zu lösenden Organisationsproblems und der Planung der Organisationsarbeit folgt als nächste Phase im Organisationsgestaltungsprozess die Aufnahme des Istzustandes. Sie umfaßt die Gewinnung aller erforderlichen Informationen über den Untersuchungsbereich (Mengen - , Zeit - und Wertgerüst) sowie die Überprüfung dieser auf ihre Vollständigkeit und sachliche Richtigkeit. Aufgrund der Problembeschreibung ergibt sich, welche Informationen zu gewinnen sind. Dabei muß sich der Organisator der Tatsache bewußt sein, daß aus Zeit - und Kostengründen aus der Fülle der Informationen nur die zu ermitteln sind, die im Hinblick auf Problemstellung von unabdingbarer Notwendigkeit sind.

Diese beziehen sich insbesondere auf:
- das bestehende Regelungssystem und seine tatsächliche Handhabung
- die subjektiven Einstellungen der Organisationsmitglieder gegenüber diesem Istzustand
- den Bedingungsrahmen des Istzustandes
- die informalen Erscheinungen.

Dabei bedient sich der Organisator unterschiedlicher Techniken der Informationsgewinnung, u.a. der Befragung in mündlicher und schriftlichert Form, der Beobachtung, der Selbstaufschreibung durch die Mitarbeiter des Untersuchungsbereiches, des Messens und Zählens, der Dokumentenanalyse. Da nicht nur objektive Verfahren der Informationsgewinnung eingesetzt werden (Beobachtung, Messen, Zählen usw.), sondern auch die Aussagen der Mitarbeiter (Befragung, Selbstaufschreibung) einen breiten Raum einnehmen, sind Verschleierung und Irreführung nicht auszuschließen. Letztere sind im großen Umfang durch die menschlichen Schwächen wie Eitelkeit, Prahlsucht, Schönfärberei, Angst vor Bestrafung, Verschweigen oder Vertuschen von Mißerfolgen, Furcht vor Neuerungen, mangelndes Erinnerungsvermögen bedingt. Weiterhin führt die Dynamik des sozio - technischen Systems Unternehmung dazu, daß sich die erhobenen Daten im Erhebungszeitraum ändern. Beiden Tatsachen kann dadurch Rechnung getragen werden, daß die Aussagen der Mitarbeiter überprüft werden (stichprobenartiger Einsatz objektiver Erhebungstechniken, Bildung eines Erhebungsmixes) bzw. die sich im Erhebungszeitraum ergebenden Datenveränderungen nachträglich berücksichtigt werden.
Trotz dieser Maßnahmen können die " Input - Informationen "aus folgenden Gründen unvollkommen bleiben:

- Vorliegen einer zu geringen oder fehlenden Überschaubarkeit der Sachverhalte
- die Mittel der Informationsbeschaffung sind beschränkt
- die Informationen sind unvollkommen aufbereitet.

Die Auswirkungen dieser Einflußfaktoren müssen vom Organisator durch den gezielten Einsatz der Informationsgewinnungstechniken auf ein möglichst geringes Ausmaß gesenkt werden.
Nach der Informationssammlung folgt die Überprüfung der Istaufnahme auf Vollständigkeit und Klarheit. Die Vollständigkeit bezieht sich auf die Erfüllung der Forderung, daß mit der Istaufnahme die Voraussetzungen für die Aufdeckung der Ursachen organisatorischer Mängel sowie für die Entwicklung von Problemlösungen erarbeitet worden sind.

Bei der Überprüfung auf Klarheit geht es um die Eindeutigkeit und Widerspruchsfrei-heit der Einzelangaben. Hinzuweisen ist in diesem Zusammenhang auf die vorstehend beschriebenen Verschleierungen und Irreführungen. Basisunterlagen für die Überprü-fungen sind, sofern im Unternehmen für den Untersuchungsbereich vorhanden, Lohn - und Gehaltslisten, interne Telefonverzeichnisse, Raumbelegungspläne, Abteilungs - und Stellenverzeichnisse, Vordruckverzeichnisse, Funktionsdiagramme, Organigram-me, Stellenbeschreibungen, Arbeitsplatzbeschreibungen, Arbeitsanweisungen, Arbeits-ablaufdarstellungen, BAB, usw. Bei der Verwendung dieser Dokumente ist darauf zu achten, daß sie auch upgedatet sind. Die Ergebnisse dieser Überprüfung können den Organisator zu einer mehr oder minder umfangreichen Nacherhebung zwingen.
Die solchermaßen überprüften Informationen sind abschließend zu ordnen und zu dokumentieren. Bei der Darstellung des Istzustandes werden die verbalen, graphischen und tabellarischen Techniken der Dokumentation eigesetzt (Funktionsdiagramme, Kommunikationsdiagramme, Arbeitsablaufdarstelluingen, Organigramme, usw., siehe Anlage 3).

2643 Analyse und kritische Würdigung des Istzustandes

Die Erfassung und Dokumentation des Istzustandes des Untersuchungsbereiches bilden die Basis für die Analyse und kritische Würdigung, durch die Stärken und organisatorischen Schwachstellen bzw. Ansatzpunkte für die Verbesserung der Gebilde - und Prozeßstruktur erkannt werden sollen. Diese analytische Arbeit des Or-ganisators kann in drei Schritte gegliedert werden:

1. Schritt: Grundsatzkritik

Zuerst ist die Frage nach dem Warum oder Wozu einer organisatorischen Regelung zu stelle (Grundsatzkritik). Diese Frage ist zu Beginn aller weiteren Überlegungen zu beantworten, da in einem Untersuchungsbereich durchaus Teilaufgaben erfüllt werden können, die im Hinblick auf die übergeordnete Aufgabe nicht oder nicht mehr erforderlich sind. Damit können Verrichtungen / Tätigkeiten als auch Aktionseinheiten (Stellen) erkannt werden, die keiner Reorganisation unterworfen zu werden brauchen. Dies ist bei der Feststellung folgender Tatbestände gegeben:

- Durchführung von Doppel- / Mehrfacharbeiten (mehrfache gleichartige Prüfungen durch verschiedene Mitarbeiter, Statistiken desselben Inhalts werden manuell und edv - maschinell erstellt)
- gesetzliche Vorschriften haben sich geändert (z.B. Verkürzung der Aufbewahrungs-fristen von Geschäftsunterlagen, Anerkennung der mikroverfilmten Unterlagen)
- der ursprünliche Grund für eine Aufgabe ist im Zeitablauf entfallen (z.B. das Ab-rechnungssystem hat sich geändert, so daß bisher benötigte Arbeitsunterlagen ent-fallen können; bisherige Kontrollen können entfallen, da sie durch die Änderung des Arbeitsprozesses nicht mehr erforderlich sind)

- Teilaufgaben sind bedeutungslos geworden (z.B. durch die Abschaffung eines un-ternehmenseigenen Fuhrparks die Reparaturwerkstatt; durch den Anschluß an das öffentliche Versorgungsnetz die unternehmenseigene Wasserversorgung)

Weiterhin ist die Frage zu stellen, ob erforderliche Regelungen fehlen.

2. Schritt: Schwachstellen - / Stärkenanalyse

Analyse der organisatorischen Regelungen auf fehlerhafte und unzweckmäßige Gestaltung. Bei dieser immanenten Kritik setzt der Organisator neben seinen Erfahrun-gen besondere Hilfsmittel ein und zwar insbesondere den Prüffragenkatalog (Prüfliste) und die Prüfmatrix.

Der Prüffragenkatalog beinhaltet eine Zusammenstellung von Fragen, die sich einer-seits aus einer rein logischen Betrachtungsweise des Untersuchungsbereiches ergeben (Grundsätze der Organisationsgestaltung) und andererseits sich aus den in der prakti-schen Organisationsarbeit erkannten häufigsten Schwachstellen der Gebilde - und Prozeßstruktur ableiten lassen.

Die Schwächen des Prüffragenkataloges sind darin zu sehen, daß aufgrund der be-schränkten Anzahl der Fragen nicht sichergestellt werden kann, daß alle Mängel des Istzustandes erkannt werden (Zufallswirkung) und zudem die Fragen in Bezug auf die vorliegende Untersuchungssituation konkretisiert werden müssen. Die in der Literatur dargelegten Fragenkataloge sind nämlich im Hinblick auf eine weitgehende Anwend-barkeit sehr allgemein formuliert.

Die Prüfmatrix beinhaltet eine gezielte Mängel - Ursachen - Analyse. Organisatorische Mängel (Spalten) und mögliche Ursachen (Zeilen) bilden eine Matrix. Aus den Schnittpunkten der Spalten und Zeilen ergeben sich die möglichen Ansatzpunkte der Analyse.

Neben den Schwächen der vorliegenden organisatorischen Regelungen sind auch deren Stärken herauszuarbeieth. Diese sind nämlich bei der Reorganisation auch weiterhin zu erhalten.

Diese vorstehend beschriebene immanente Kritik ist die Voraussetzung für den dritten Schritt, die Verfahrenskritik. Denn es ist nur sinnvoll, ein fehlerfreies Verfahren des Istzustandes mit einem alternativen Verfahren zu vergleichen, insbesondere dann, wenn letzteres nur in der Vorstellung des Organisators besteht (Idealkonzept) und frei von Organisationsmängeln ist.

3. Schritt: Verfahrenskritik

Aufgrund der im zweiten Schritt gewonnenen Informationen werden die Regelungen des Istzustandes (bereinigt um die erkannten Schwachstellen) mit alternativen Lösungsmöglichkeiten verglichen. Diese alternativen Lösungsmöglichkeiten können gleichartige oder ähnliche Regelungen anderer Unternehmen in vergleichbaren Situat-ionen beinhalten oder nur als Konzeption des Organisators bestehen. Der Vergleich anhand von Kennzahlen wie Wirtschaftlichkeit, Rentabilität, Produktivität, Zeiten

(Berarbeitungs - , Liege - und Transportzeiten) läßt erkennen, ob sachgerechte alternative Verfahren im Istzustand realisiert werden können. Das Vergleichsergebnis bildet die Basis für die Erarbeitung einer Sollkonzeption, die eine Bereinigung des Istzustandes von fehlerfaften und unzweckmäßigen Regelungen unter Beibehaltung der bisherigen Verfahren und / oder die Einführung völlig anders gestalteter Verfahren beinhaltet.
Grundsätzlich ist zur Istkritik anzumerken, daß nur eine konstruktive Istkritik die Basis für eine Lösung des vorliegenden Organisationsproblems bilden kann. Eine destruktive Kritik, d.h. eine Kritik, die keine Ansatzpunkte für eine praktikable Lösung anbietet, muß vermieden werden.

2644 Erarbeitung der Sollkonzeption

Im Rahmen der Sollkonzeption werden auf der Basis der Erkenntnisse der Istkritik, insbesondere der Grundsatz- und Verfahrenskritik, alternative Lösungsmöglichkeiten erarbeitet. Die Kreativität des Organisators, die in dieser Phase von besonderer Bedeutung ist, wird unterstützt durch den Einsatz sogenannter Kreativitätstechniken wie Brainstorming (Ideenkonferenz), Methode 635, CNB - Methode und morphologische Analyse. Unter Berücksichtigung der in der Phase " Auswahl des zu lösenden Organisationsproblems und Planung des organisatorischen Gestaltungsprozesses " festgelegten Restriktionen sind alternative, praktikable Lösungsmöglichkeiten zu erarbeiten (1. Schritt). Diese Lösungsalternativen beinhalten u. a.

* Aufgabensynthese / Stellen -, Abteilungsbildung
* Arbeitssynthese / Konzepierung der Aufgabenerfüllungsprozesse
* Arbeitsmittel - und Arbeitsunterlagengestaltung
* DV - Konfiguration, z.B. PC - Einsatz, Vernetzung
* Vordruckgestaltung.

Aus den erarbeiteten alternativen Lösungsmöglichkeiten ist die " beste " auszuwählen (zweiter Schrittt). Als Bewertungsverfahren kommen der verbale Vergleich, die statischen und dynamischen Verfahren der Wirtschaftlichkeitsrechnung und das Punktwertverfahren in den Formen der Nutzwert - / Kostenwirksamkeitsanalyse in Frage. Die Punktwertverfahren sind insbesondere für solche Lösungen geeignet, bei denen nicht nur Kosten und Erträge berücksichtigt werden müssen sondern auch qualitative Faktoren wie Akzeptanz der Lösung durch die Mitarbeiter, Flexibität im Hinblick auf zukünftigen Veränderungen usw. Die ausgewählte Lösungsalternative ist dem Auftraggeber zur Genehmigung vorzulegen (Päsentation der Sollkonzeption). Er entscheidet darüber, ob die vorgeschlagene Lösung realisiert werden soll. Oftmals müssen nach der Päsentation noch Änderungswünsche und Verbesserungsvorschläge in die vorgeschlagene Sollkonzeption eingearbeitet werden. Dabei ist vom Organisator zu prüfen, ob unter Berücksichtigung der gewünschten Änderungen die vorgeschlagene

Sollkonzeption noch die " beste " Lösungsalternative darstellt oder ob nicht eine beim Auswahlverfahren verworfene Alternative zur Realisation vorzuschlagen ist.

2645 Einführung der Sollkonzeption

Die Einführung der mit dem Auftraggeber abgestimmten Sollkonzeption kann in zwei Schritte untergliedert werden, nämlich in die Einsatzvorbereitungs - und die Übernahmephase.

Die Einsatzvorbereitungsphase beinhaltet:
- Festlegung der Einführungsreihenfolge (Einsatz der Netzplantechnik)
- Beschaffung der Arbeitsmittel und Arbeitsunterlagen entsprechend der Einführungs- reihenfolge; hier sind insbesondere Vorlaufzeiten zu berücksichtigen, z.B. Installa- tionszeiten und Testzeiten bei der Implementierung einer DVA
- Personalbereitstellung entsprechend der Einführungsreihenfolge: Schulung eigenen Personals und / oder Beschaffung neuer Mitarbeiter.

In der Übernahmephase werden die Sollvorschläge entsprechend der gewählten Einführungsreihenfolge realisiert.

2646 Kontrolle

Die Kontrolle der eingeführten Reorganisationsmaßnahmen wird in zweierlei Hinsicht erforderlich. Zum einen muß vermieden werden, daß nach der Reorganisation doch wieder nach den abgelösten Regelungen verfahren wird. Dieser Rückfall in alte Ver- fahrensweisen ist bedingt durch deren Beharrungsvermögen sowie die Mentalität der Mitarbeiter, lieber bekannte und eingeübte Techniken und Verfahren einzusetzen, als nach neuen, noch nicht voll beherrschten Regelungen zu verfahren.
Zum anderen ist zu überprüfen, ob die mit der Einführung der Sollkonzeption prog- nostizierten Verbesserungen (Beseitigung organisatorischer Mängel - und Schwach- stellen) auch wirklich eingetreten sind.

Diese Überprüfung ist in dreifacher Form möglich:
- in Form einer Einzeluntersuchung : die wichtigsten Teilbereiche der realisierten Sollkonzeption werden einer Analyse unterworfen (Stichprobenverfahren)
- in der Form eines Soll - Ist - Vergleichs: Größen der Sollkonzeption werden mit den Werten des Istzustandes nach der Reorganisation verglichen, z.B. Zahl der Beschäf- tigten, Durchlaufzeiten, Bearbeitungszeiten, Liegezeiten, Transportzeiten, Sach - und Personalkosten, usw.
- in Form einer erneuten Istaufnahme: der gesamte reorganisierte Unternehmensbe- reich wird einer eingehenden Istaufnahme unterworfen.

In welcher Form auch immer die Kontrolle durchgeführt wird, so ist doch immer eine Abweichungsanalyse durchzuführen, d.h., es ist klarzustellen, worin die Gründe für das Abweichen von der konzipierten Sollkonzeption zu sehen sind. Die Ergebnisse dieser Überprüfung können den auslösenden Impuls für einen neuen Organisationsauftrag (Projekt) ergeben. Abschließend ist zu dieser Phase anzumerken, daß sie erst nach Ablauf eines gewissen Zeitraumes durchzuführen ist, da die Prüfungsergebnnisse nur aussagefähig sind, wenn sich die eingeführte Sollkonzeption konsolidiert hat (nach Beseitigung der Anlaufschwierigkeiten).

2647 Zusammenfassung

Der vorstehend dargelegte Prozeß der Organisationsgestaltung bedarf im Hinblick auf mittelständische Unternehmen einer Modifizierunmg. Aus Zeit- und Kostengründen wird es nicht möglich sein, den Prozeß im vollen Umfange und in allen dargelegten Details durchzuführen. Andererseits sind in mittelständischen Unternehmen aufgrund ihrer Überschaubarkeit und der geringen Anzahl der Mitarbeiter die Beziehungszusammenhänge weniger komplex als in größeren Unternehmen. Aufgrund dieser Sachverhalte kann als Minimalforderung folgendes Vorgehen im Gestaltungsprozeß formuliert werden:

- Erstellung einer Kosten - Nutzenschätzung in Bezug auf die anstehende Organisationsaufgabe
- globale Hauptuntersuchung
- Einzeluntersuchung mit den Phasen zwei bis fünf.

Der Zeitaufwand dieser Phasen wird desto geringer sein, je umfangreicher die Mitwirkung der unternehmenseigenen Mitarbeiter ist.

3 Empirische Untersuchung

31 Untersuchungsziele

Die mittelständischen Unternehmen finden in der betriebswirtschaftlichen Forschung nicht die ihrer Bedeutung entsprechende Berücksichtigung. Dies gilt auch für den Bereich der Organisationsgestaltung. Literatur und Forschungsarbeiten, auch im angelsächsischen Raum, gehen in der Regel von Großunternehmen aus. Ausgangspunkte für die Aussagen in Bezug auf die Organisationsgestaltung mittelständischer Unternehmen müssen aber ihre spezifischen Gestaltungsbedingungen und -ziele sein.

Im Rahmen der empirischen Untersuchung werden deshalb folgende Untersuchungsziele verfolgt:
(1) Ermittlung der Gestaltungsbedingungen sowie der Gestaltungsziele.
(2) Ermittlung der Ergebnisse des organisatorischen Gestaltungsprozesses (bestehen- de Gebilde- und Prozeßstruktur).
(3) Ermittlung der organisatorischen Stärken und Schwächen mittelständischer Unterrnehmen.

Aufgrund der Ergebnisse unter (1), (2) und (3) soll ermittelt werden, in wieweit die Organisationsstruktur mittelständischer Unternehmen unter Berücksichtigung der modernen Organisationskonzeptionen gestaltet werden bzw. gestaltet werden müssen (Ableitung von Handlungsempfehlungen).

Untersuchungsgegenstand der unter (1) und (2) beschriebenen Sachverhalte sind sowohl quantitative als auch qualitative Aspekte, die u.a. durch folgende Fragestellungen erfaßt werden sollen:
- Wie ist die Organisationsstruktur der Unternehmung (Form der Gebilde- und Prozeßstruktur) gestaltet?
- Wer trifft im Unternehmen Organisationsentscheidungen ?
- Wie werden diese Entscheidungen vorbereitet und kontrolliert ?
- Wie ist die Informationsbasis für Organisationsentscheidungen gestaltet ?
- Wie häufig werden im Zeitablauf Organisationsänderungen vorgenommen ?
- Was sind die Ursachen für organisatorische Änderungen ?

Auf der Grundlage der Antworten auf diese Fragestellungen sollen Organisationsdefizite als auch -stärken mittelständischer Unternehmen herausgearbeitet werden. Diese bilden dann die Basis für die Beantwortung der Frage, in wieweit die mittelständischen Unternehmen bereits Aspekte moderner Organisationskonzeptionen berücksichtigt haben bzw. diese berücksichtigen können und sollen. Wichtig ist in diesem Zusammenhang auch der Vergleich mit den Ergebnissen einer im Jahre 1983 durchgeführten empirischen Untersuchung.

32 Charakterisierung der empirischen Untersuchung

Die empirische Untersuchung wird in den folgenden Ausführungen durch die Darlegung der Sachverhalte

- Untersuchungsumfang
- Verfahren der Informationsgewinnung
- erfaßte Merkmale der Organisation
- Verfahren der Datenaufbereitung und -auswertung

charakterisiert. Diese Fakten sind mit denen der empirischen Untersuchung im Jahre 1983 weitgehend identisch, so daß ein Vergleich der Untersuchungsergebnisse 1983 und 1995 zulässig ist und aussagefähige Feststellungen bezüglich der Entwicklung der Organisationsstruktur mittelständischer Unternehmen ermöglicht.

321 Untersuchungsumfang

Da sich die im Punkt 11 dargelegten qualitativen Kriterien der mittelständischen Unternehmen als nicht operationale Erhebungskriterien darstellen, mußte für die Auswahl der in die Untersuchung einzubeziehenden Unternehmen trotz der oben genannten Bedenken auf die Zahl der Beschäftigten zurückgegriffen werden.
In Bezug auf die zu untersuchende Problemstellung ist der Rückgriff auf die Beschäftigtenzahl durchaus vertretbar. Die Gestaltung sowohl der Gebildestruktur im Hinblick auf die Bildung von Aktionseinheiten (Stellen, Abteilungen, Bereiche), die Anzahl der Hierarchieebenen, die Größe der Leitungsspannen als auch der Prozeßstruktur in Bezug auf die Gestaltung der Aufgabenerfüllungsprozesse (Arbeitsteilung/-verteilung, zeitliche Abstimmung der Verrichtungen, Arbeitsplatzgestaltung) sind von der Anzahl der Beschäftigten abhängig.[35]

Es wurden in die Befragung 1362 Unternehmen mit weniger als 500 und mehr als 49 Mitarbeiter einbezogen.[36] Diese Unternehmen befinden sich alle im IHK-Bezirk Münster. Die regionale Beschränkung wurde gewählt, weil

1. dadurch die Unterstützung durch die IHK-Münster möglich wurde
   und
2. für die Repräsentanz der Ergebnisse hinsichtlich der zu untersuchenden Fragestellung (Überprüfung der in der Literatur auffindbaren Thesen bezüglich organisatori-

---

[35] vgl. Kayser, G., Organisation, a.a.O., S. 82; Pfohl, H.-Chr., Kellerwessel, P., in: Pfohl, H.-Chr., Betriebswirtschaftslehre..., a.a.O., S. 7
[36] Die untere Grenze wurde unter dem Aspekt gewählt, daß erst ab dieser Beschäftigtenzahl von meßbaren Anhaltspunkten für die Existenz der Strukturdimensionen der Organisation ausgegangen werden kann, wenn auch organisatorische Elemente bei einer geringeren Beschäftigtenzahl auffindbar sind. vgl. Kayser, G., a.a.O., S. 82;

scher Fragestellungen mittelständischer Unternehmen sowie der Bedeutung moderner Organisationskonzeptionen für deren Organisationsgestaltung) eine größere regionale Streuung bei der Auswahl der Untersuchungsobjekte nicht erforderlich ist.

Folgende Daten aus dem IHK-Bereich Münster rechtfertigen diese Vorgehensweise. Über 95 % der Industrieunternehmen des IHK-Bereiches Münster haben weniger als 500 Beschäftigte. Nimmt man den tertiären Sektor hinzu, so sind in der mittelständischen Wirtschaft dieser Region 75% aller Beschäftigten tätig.[37] Die mittelständische Unternehmensstruktur dieser Region stellt somit ein Abbild der Struktur der gesamten Bundesrepublik dar.[38]
Die in die Untersuchung einbezogenen 1362 mittelständischen Unternehmen umfassen Industrie -, Handels - [39] und sonstige Unternehmen (Dienstleister, vgl. Angaben in der Abb. 12). Das Adressenmaterial wurde von der IHK - Münster zur Verfügung gestellt. Es wurden damit alle Unternehmen der Größenklasse 50 bis 500 Mitarbeiter des IHK - Bezirks Münster in die Untersuchung einbezogen.
Eine genaue Aufschlüsselung aller Unternehmen im Kammerbezirk, der in die Untersuchung einbezogenen Unternehmen, der Anzahl der Rückläufe der ausgegebenen Fragebögen sowie die Rücklaufquote, unterteilt in Industrie -, Handels - und sonstige Unternehmen, ergibt sich aus folgender Abbildung.

---

[37] vgl. Konkursgelder/Therapie ? Eine empirische Untersuchung der IHK Münster, Dez. 1982
[38] vgl. die Angaben in Punkt 11.
[39] Einzelhandelsbetriebe wurden aufgrund der Mindestbeschäftigtenzahl von 50 in die Untersuchung einbezogen.

44

Abb. 12: Struktur der Unternehmen im IHK-Bezirk Münster, der in die Untersuchung einbezogenen Unternehmen und der Rücklaufquoten

Beschäfti-gungsgröße → / Unternehmen ↓	1-49	50-99	100-199	200-499	≥ 500	Summe
Industrie IHK-Bezirk	2.344	315	250	165	97	3.171
angeschriebene Unternehmen	—	315	250	165	—	730
Anzahl Rückläufe	6 [1]	60	46	39	6 [1]	157
Rücklaufquote in %	—	18,73	18,4	23,64	—	21,51
Großhandel IHK-Bezirk	3.582	107	33	16	4	3.742
angeschriebene Unternehmen	—	107	33	16	—	156
Anzahl Rückläufe	2 [1]	3	4	6	3 [1]	18
Rücklaufquote in %	—	2,8	12,12	37,5	—	11,54
Einzelhandel IHK-Bezirk	5.350	98	51	16	5	5.520
angeschriebene Unternehmen	—	98	51	16	—	165
Anzahl Rückläufe	1 [1]	11	1	3	1 [1]	17
Rücklaufquote in %	—	11,22	1,96	36,76	—	10,30
Sonstige IHK-Bezirk	7.26o	182	88	46	25	7.601
angeschriebene Unternehmen	—	182	88	46	—	316
Anzahl Rückläufe	3 [1]	10	11	5	1 [1]	30
Rücklaufquote in %	—	5,49	12,5	10,87	—	9,49

Anmerkungen zur Abb. 12

1) Die Beschäftigungsgrößen bei den Unternehmen haben sich teilweise verändert. Diese haben in der kammerinternen Statistik noch keine Berücksichtigung gefunden.

Quelle: Die Zahlen der Unternehmen im Kammerbezirk wurden von der IHK-Münster zur Verfügung gestellt (Struktur der Handelsregisterfirmen der IHK-Münster, April 1995). Die übrigen Angaben sind selbst ermittelte Werte.

Von den insgesamt 1362 verschickten Fragebögen wurden 222 beantwortet zurückgesandt, wobei sich die Zahl der Rückläufe zu 157 auf Industrie-, 35 auf Handelsbetriebe und 30 auf sonstige Unternehmen (Dienstleister) verteilt. Davon waren 23 Fragebögen von Unternehmen ausgefüllt worden, die weniger als 50 Mitarbeiter bzw. mehr als 500 Mitarbeiter beschäftigen. Diese Fragebögen wurden daher in der Auswertung nicht berücksichtigt.

Zum Antwortverhalten der befragten Unternehmen ist festzustellen, daß die Rücklaufquote bei den großen mittelständischen Unternehmen höher liegt als bei den kleinen. Dieser Tatbestand hat sich auch bei anderen empirischen Untersuchungen im Hinblick auf Organisationstatbestände ergeben.

Die sich ergebende Rücklaufquote von 16,3 % muß noch korrigiert werden, da einige Unternehmen unter verschiedenen Firmennamen im Handelsregister eingetragen sind, weil sie beispielsweise ihre unterschiedlichen Produktgruppen in getrennten Gesellschaften vermarkten. Unter Berücksichtigung dieses Faktums ergibt sich eine korrigierte Rücklaufquote von ca. 20 %. In Anbetracht der Tatsache, daß für die Untersuchung keine Werbemaßnahmen getätigt wurden, und im Vergleich zu den Rücklaufquoten vergleichbarer empirischer Untersuchungen kann die Rücklaufquote der vorliegenden Untersuchung als hoch bezeichnet werden.[40] Daher können die Ergebnisse der Auswertung der Untersuchung als aussagefähig angesehen werden.

322 Verfahren der Informationsgewinnung

Als Verfahren der Informationsgewinnung wurden der Fragebogen und die Dokumentenanalyse gewählt. Für die Industrie- und Handelsbetriebe wurde ein einheitlicher Fragebogen entwickelt, der aber die spezifischen Gegebenheiten beider Gruppen berücksichtigt (siehe Anlage 1). Der Fragenkatalog beinhaltet 24 Fragen, die insgesamt bis zu 99 Einzelantworten erlaubten. Die Beantwortung der Fragen verlangte Zahlenangaben, verbale Beantwortungen oder Skalenangaben. Die Skalenangaben konnten grundsätzlich nur in einer Fünferskalierung vorgenommen werden (z. B. kein Gewicht, geringes Gewicht, mittleres Gewicht, hohes Gewicht, sehr hohes Gewicht). Um zu vermeiden, daß Befragte nach kurzer Zeit in ein Beant-

---

[40] vgl. Dörler, K., Reorganisationen in mittleren Unternehmen, Bern - Stuttgart 1988, S. 35

wortungsschema verfielen, ist die Reihung der Skalenwerte im Fragebogen mehrfach umgestellt worden (aufsteigende und absteigende Reihung).

Die durchgeführte Dokumentenanlyse basiert auf den von den befragten Unternehmen erbetenen Organigrammen (Organisationsschaubildern). Aufgrund ihrer Analyse konnten die Ergebnisse der schriftlichen Befragung bezüglich folgender Sachverhalte der Gebildestruktur - Anzahl der Hierarchieebenen, Anzahl und Art der gebildeten Aktionseinheiten (Stellen / Abteilungen), Größe der Leitungsspannen - einer Überprüfung unterzogen werden. Des weiteren wurde der in der schriftlichen Befragung nicht angesprochene Sachverhalt des Einlinien - bzw. Mehrliniensystems erfaßbar, der in einer schriftlichen Befragung einen hohen Erläuterungsaufwand bedingt, und damit den üblichen Umfang eines Fragebogens sprengen würde.
Neben dem Kontrollaspekt findet ein weiterer Gesichtspunkt, die Genauigkeit der gewonnenen Informationen, Berücksichtigung, da mit der schriftlichen Befragung und der Dokumentenanalyse ein Mix objektiver und nicht objektiver Informationsgewinnungstechniken eingesetzt wird.[41]

323 Erfaßte Merkmale der Organisationsstruktur

Gebildestruktur

Um die Gebildestruktur (Aufbauorganisation) der mittelständischen Unternehmen charakterisieren zu können, ist es sinnvoll, auf die Ausprägungen der Strukturdimensionen Spezialisierung, Koordination und Konfiguration zurückzugreifen[42]. Durch die Spezialisierung in sachlicher Hinsicht wird die Zuweisung verteilungsfähiger Aufgaben auf die Aufgabenträger (Stellenbildung) und in formaler Hinsicht die Zuordnung von Entscheidungs- und Ausführungsaufgaben erfaßt. Die Koordination hat die Abstimmung der Erfüllung der verteilten Aufgaben und deren Ausrichtung auf die Unternehmenszielsetzung zum Inhalt. Die Konfiguration beinhaltet die Regelungen der Beziehungen zwischen den Organisationseinheiten (Aktionseinheiten) sowie der hierarchischen Struktur (Hierarchieebenen, Leitungsspanne). Durch die Auflistung der jeweils zutreffenden Ausprägungen der drei Strukturdimensionen in Form einer Strukturformel läßt sich die Gebildestruktur der mittelständischen Unternehmen präzise darstellen.
Die Strukturformel lautet :

$$G_m = \{ S, E, K, L \}$$

G_m = Gebildestruktur mittelständischer Unternehmen

---

[41] Zur Unterscheidung objektiver und nicht objektiver Informationsgewinnungstechniken siehe Wittlage, H., Methoden und Techniken ...., a.a.O., S. 49
[42] Zu den folgenden Ausführungen siehe Wittlage, H., Unternehmensorganisation, 5.Aufl., Berlin/ Herne 1993, S. 49 ff.

S	=	Art der sachlichen Spezialisierung (Formen der Ausprägung: S_f = funktionale Spezialisierung, S_o = objektorientierte Spezialisierung)
E	=	Art der formalen Spezialisierung (Formen der Ausprägung: E_z = Entscheidungszentralisation, E_d = Entscheidungsdezentralisation)
K	=	Art der Koordination (Formen der Ausprägung: K_p = personelle Koordination, K_{st} = strukturelle Koordination, K_t = technokratische Koordination)
L	=	Art der Konfiguration (Formen der Ausprägung: L_e = Einliniensystem, L_m = Mehrliniensystem, L_{st} = Stabliniensystem)

Da diese Ausprägungen in einer schriftlichen Befragung nicht direkt erfragt werden konnten bzw. erfragt werden sollten - die Begründung ist darin zu sehen, daß zum einen entsprechende Fragen in der Praxis häufig auf Unverständnis stoßen, zum anderen keine objektive Informationsgewinnung sichergestellt ist (d.h. keine der Realität entsprechende Informationen) - war es notwendig, auf Indikatoren zurückzugreifen, die einen Rückschluß auf die Ausprägungen der Strukturdimensionen erlauben. Die ausgewählten Indikatoren und ihre Zuordnung zu den unterschiedlichen Strukturdimensionen sind aus der folgenden Tabelle ersichtlich.

Abb. 13 : Ausgewählte Indikatoren und ihre Zuordnung zu den Strukturdimensionen der Gebildestruktur

Strukturdimension	Indikatoren
sachliche Spezialisierung (Bildung von Aktionseinheiten funktional /objektorientiert)	• Arten der vorhandenen Aktionseinheiten (u.a. dokumentiert in Organigrammen) • die die vorhandene Struktur bestimmenden Faktoren
formale Spezialisierung (Entscheidungszentralisation /dezentralisation)	• Ausmaß der Routineentscheidungen durch die Unternehmensleitung • Ausmaß der Beteiligung der Mitarbeiter an der Entscheidungsfindung • Entscheidungsträger in unterschiedlichen Aufgabenbereichen
Koordination	• Träger der Koordinationsaufgaben • Verwendung von Budgets/Kennzahlen • nur Koordinationsaufgaben wahrnehmende Aktionseinheiten (Stäbe, Kommissionen usw.)
Konfiguration (Einlinien-/Mehrlinien/Stabsliniensysteme, Leitungsspanne, flache/tiefe Hierarchie)	• Anzahl der Hierarchieebenen (u.a. dokumentiert in Organigrammen) • Anzahl Abteilungsleiter • Anzahl der Stab-/ Beratungsstellen ohne Entscheidungsbefugnisse

Diese im Wege der Befragung ermittelten Informationen wurden ergänzt durch die Analyse der von den Unternehmen bereitgestellten Organigramme.

Prozeßstruktur

Wie bei der Gebildestruktur schlägt sich die Organisationsgestaltung der Prozeß-
struktur der mittelständischen Unternehmen in den jeweiligen Ausprägungen ihrer Strukturdimensionen nieder. Als Gestaltungsparameter (Strukturdimensionen) der Prozeßstruktur sind zu sehen: arbeitstechnische Spezialisierung, Raum und Zeit. Unter der arbeitstechnischen Spezialisierung ist die Art und der Umfang der Arbeitsteilung und -verteilung zu verstehen. Die Dimension Raum bezieht sich auf den Ort der Aufgabenerfüllung sowie auf die Gestaltung des Arbeitsplatzes (Arbeitsmittel, Arbeitsunterlagen). Die Strukturdimension Zeit beinhaltet die zeitliche Abstimmung der Tätigkeiten/Verrichtungen im Rahmen einer Aufgabenerfüllung. Diese Strukturdimen-
sionen können unterschiedliche Ausprägungen erfahren. Sie sind aber nicht isoliert zu sehen, sondern sie weisen wechselseitige Interdependenzen auf. Wie bei der Gebildestruktur läßt sich die Prozeßstruktur gleichfalls in einer Strukturformel darstellen:

$$P_m = \{ A, R, Z \}$$

P_m	=	Prozeßstruktur mittelständischer Unternehmen
A	=	arbeitstechnische Spezialisierung (Grad der Arbeitsteilung; Ausprä-, gungen: A_f = funktionale Spezialisierung; A_g = ganzheitliche Auf-gabenerfüllung)
R	=	Ort und Gestaltung des Arbeitsplatzes (Sachmitteleinsatz: Arbeitsmittel, Arbeitsunterlagen; Ausprägungen. R_{mo} = monofunktionale Arbeitsmit-tel, R_{mu} = multifunktionale Arbeitsmittel)
Z	=	Zeit (Art der zeitlichen Regelung der Arbeitsleistungen; Ausprägungen:. Z_a = abfolgegebunden, Z_z = zeitlich gebunden, Z_t = taktmäßig ge-bunden)

Da diese Ausprägungen nicht direkt erfragt werden konnten, war es nowendig, auf Indikatoren zurückzugreifen, die einen Rückschluß auf die Ausprägungen dieser Struk-
turdimensionen erlauben. Die ausgewählten Indikatoren und ihre Zuordnung zu den unterschiedlichen Strukturdimensionen sind aus der folgenden Abbildung ersichtlich.

**Abb. 14:Ausgewählte Indikatoren und ihre Zuordnung zu den
Strukturdimensionen der Prozeßstruktur**

Strukturdimensionen	Indikatoren
arbeitstechnische Spezialisierung (Arbeitsteilung, funktionale Spezialisierung)	• Gliederung in Fach-, Sach- und Unterstützungsaufgaben • Spezialisierung der Mitarbeiter im Hinblick auf Verrichtungen (z.B. Schreibkräfte, Datenerfassungskräfte, Sachbearbeiter) • Art der Aufgabenverteilung in einer Aktionseinheit(Stelle, Abteilung)
Gestaltung des Arbeitsplatzes (Sachmitteleinsatz)	• Arten der eingesetzten Arbeitsmittel (mono-/ multifunktionale Arbeitsmittel) • Arten der eingesetzten Arbeitsunterlagen(Verzeichnisse, Karteien, Dateien, Datenbanken)
Zeit (Art der zeitlichen Regelung der Tätrigkeiten /Verrichtungen)	• sachlogische Abfolge der Verrichtungen (abfolgegebunden) • grobe zeitliche Abstimmung der Verrichtungen (zeitlich gebunden) • dv-unterstützte Abstimmung der Verrichtungen (Work-Flow-Management)

Da eine direkte Erfassung dieser Indikatoren nur im Wege einer umfassenden Ablaufuntersuchung , die einen hohen Zeitaufwand und den Einsatz entsprechend qualifizierter Organisatoren erfordert, möglich ist, eine schriftliche Befragung daher als ungeeignet erscheint, wurde in der vorliegenden Untersuchung die Form der indirekten Erfassung gewählt. Einerseits ergibt die Analyse der von den Unternehmen bereitgestellten Organigramme Hinweise auf die Strukturdimension arbeitstechnische Spezialisierung. Andererseits lassen die Beantwortungen der Fragen in Bezug auf den Einsatz moderner I - und K - Techniken sowie organisatorischer Schwachstellen der Prozeßstruktur Rückschlüsse auf die Strukturdimensionen Gestaltung des Arbeitsplatzes und zeitliche Regelungen der Verrichtungen /Tätigkeiten eines Aufgabenerfüllungsprozesses zu.

324 Verfahren der Datenaufbereitung und -auswertung

Im Rahmen des eingesetzten EDV-Programms SPSS (Statistik-Programm-Sytem für die Sozialwissenschaften) wurden folgende Kennzahlen ermittelt:

- Frequencies
- Crosstabs

Mit der Procedure Frequencies wurden die Ausprägungen der organiatorischen Merkmale (Indikatoren) der mittelständischen Unternehmen herausgearbeitet und zwar in Form von Tabellen mit absoluten Häufigkeiten, relativen Häufigkeiten und kumulierten bereinigten Häufigkeiten.
Im Rahmen der Procedure Crosstabs wurden zweidimensionale Häufigkeitsverteilungen (Kontingenztafeln) für ausgewählte Variablen (Indikatoren) berechnet. Auf Basis dieser Kreuztabellen wurden die ausgewählten Indikatoren, die aufgrund unterschiedlicher Fragen ermittelt wurden, auf ihre Kontingenz hin überprüft.
Weiterhin wurden auf der Basis der Befragungsergebnisse homogene Gruppen mit Hilfe der Clusteranalyse gebildet.

33 Ergebnisse der empirischen Untersuchung

331 Allgemeine Untertnehmensmerkmale

3311 Alter der Unternehmen

Die Analyse der Altersstruktur der mittelständischen Unternehmen ist im Hinblick auf die Organisationsgestaltung insofern von Bedeutung, als die Tradition als ein Bestimmungsfaktor für die Organisationsstruktur angesehen werden kann.
Im Hinblick auf die Altersstrukturierung - es werden elf Altersklassen unterschieden - können folgende Feststellungen getroffen werden. 77 % aller in die Auswertung einbezogenen mittelständischen Unternehmen weisen ein Alter von mehr als 28 Jahre

auf, 46,8 % sogar von mehr als 59 Jahre. Dies bedeutet, daß die mittelständischen Unternehmen in der Lage waren, kritische wirtschaftliche Situationen wie Kriegswirtschaft, Währungsreform und Strukturkrisen zu bewältigen.

Zwischen den drei gebildeten Unternehmensgruppen - Industrie, Handel und sonstige Unternehmen - sind im Hinblick auf die Altersstruktur Gemeinsamkeiten als auch Unterschiede auszumachen. So weichen die Prozentsätze für Industrie und Handel bei Unternehmen mit einem Alter von mehr als 68 Jahren und älter kaum merklich voneiander ab (Industrie 33,8 %, Handel 32,1 %). Bei der Industrie ist eine erhebliche Anzahl von Neugründungen in den Jahren 1945 - 1969 - Zeit des Wiederaufbaus und der goldenen 60er Jahre - festzustellen (28,7 %) , im geringeren Umfang beim Handel (14,28). Der Handel weist im Gegensatz zur Industrie noch in den Jahren 1980 - 1990 einen Gründungshöhepunkt auf (21,42 %). Bei den sonstigen Unternehmen - Banken, Sparkassen, Versicherungen, sonstige Dienstleistungsbetriebe - sind hingegen nur zwei Zeiträume verstärkter Neugründungen festzustellen, die Zeiträume vor 1918 (38,46) und 1919 - 1929 (15,38 %). Die übrigen Zeiträume weisen für die drei Gruppen von Unternehmen nur unerhebliche Unterschiede in der Anzahl der Neugründungen auf.

Wie bereits einleitend angemerkt wurde, ist das Ergebnis der Analyse der Alterstruktur der mittelständischen Unternehmen im Punkt 3371, Entstehung und Veränderung der Organisationsstruktur, in die Analyse einzubeziehen.

Abb. 15 : Lebensdauer der untersuchten Unternehmen

Lebensdauer der Unternehmen in Jahren	relative Häufigkeit der Unternehmen
0 - 5	1,0 %
6 - 11	5,5 %
12 - 17	6,0 %
18 - 22	5,5 %
23 - 27	2,5 %
28 - 37	12,6 %
38 - 52	11,6 %
53 - 58	0,5 %
59 - 67	5,5 %
68 - 78	12,6 %
> 79	34,2 %
ohne Angabe	2,5 %

Basis: 145 Industrieunternehmen
     28 Handelsunternehmen
     26 Sonstige Unternehmen

3312 Branchenverteilung

Obwohl die empirische Untersuchung der Organisationsgestaltung mittelständischer Unternehmen branchenunabhängig durchgeführt wurde (vgl. die Ausführungen zu Punkt 321), ist es von Interesse, welche Branchen sich schwerpunktmäßig an der Untersuchung beteiligt haben. Die Schwerpunkte bei der Industrie bilden der Maschinenbau mit 17,2 % und die Textilindustrie mit 13,1 % der in die Untersuchung eingehenden Unternehmen. Die Holzverarbeitung findet mit 10,3 %, die Metallverarbeitung mit 9,6 % und die Elektroindustrie mit 9,0 % Berücksichtigung. Die restlichen Branchen machen einen Prozentsatz von 4o,8 aus.
Aufgrund dieser Prozentsätze kann davon ausgegangen werden, daß die Ergebnisse der empirischen Untersuchung nicht von Branchenbesonderheiten bestimmt werden.
Beim Handel sind der Groß - und Einzelhandel nahezu gleichgewichtig vertreten (46,4 % zu 53,6 %). Die sonstigen Unternehmen weisen keine branchenmäßige Schwerpunktbildung auf.

3313 Rechtsformen

Die typischen Rechtsformen einer mittelständischen Unternehmumg sind die GmbH (41,7 %) und die GmbH & Co. KG (42,8 %). Dies gilt für alle gebildeten Unternehmensgruppen. Dabei ist die Rechtsform unabhängig von der Größe (Anzahl der Mitarbeiter) des Unternehmens. Zwischen Industrie und Handel würde sich eine unterschiedliche Struktur der Rechtsformen ergeben, wenn in die Untersuchung Groß und Einzelhandelsunternehmen mit einer unter 50 liegenden Mitarbeiterzahl berücksichtigt worden wären.[43]

Abb. 16 : Rechtsformen der untersuchten Unternehmen

Rechtsformen der Unternehmen	relative Häufigkeit der Unternehmen
Einzelfirma	2,5 %
OHG	0,5 %
KG	5,o %
GmbH	41,7 %
GmbH & Co KG	42,8 %
AG	3,o %
Sonstige	4,5 %

---

[43] vgl. die Struktur der Rechtsformen im IHK - Bezirk Münster, in: Dornieden, U., Schulte, P., Wittlage, H., Entscheidungsprozesse in mittelständischen Unternehmen, Münster 1988, S. 11

Basis : 145 Industrieunternehmen   26 sonstige Unternehmen
28 Handelsunternehmen

3314 Umsatz

62,8 % der mittelständischen Unternehmen weisen einen Umsatz von mehr als 20 Mio.
DM und 23,6 % einen solchen zwischen 10 Mio. und 20 Mio. DM auf. Betrachtet
man die drei Unternehmensgruppen getrennt, so ergeben sich folgende Unterschiede.
Die Industrieunternehmen weisen mit 62,0 % im Bereich 20 Mio. DM und mehr
sowie im Bereich 10 Mio. DM bis 20 Mio. DM mit 26,2 % die größten Anteile auf,
während die Handelsbetriebe für beide Umsatzbereiche 82,1 % und 10,7 % ausweisen, d.h., eine noch größere Schwerpunktbildung im oberen Umsatzbereich. Das
läßt sich einerseits dadurch erklären, daß die in die Untersuchung einbezogenen
Handelsbetriebe mehr als 50 Beschäftigte aufweisen, somit kleine Handelsbetriebe
keine Berücksichtigung gefunden haben. Andererseits benötigen die Handelsbetriebe
im Vergleich zu den Industrieunternehmen gleicher Beschäftigtenzahl einen höheren
Umsatz, um einen angemessenen Gewinn zu erzielen. Die sonstigen Unternehmen
haben zwar auch in diesen Umsatzklassen mit 46,2 % und 23, 1 % Schwerpunkte. Sie
weisen aber eine geringere Differenz als bei den Industrie- und Handelsbetrieben auf.

Abb. 17: Umsatz der untersuchten Unternehmen

Umsatz in Mio. DM	relative Häufigkeit der Unternehmen
unter 5	1,0 %
5 bis unter 10	10,6 %
10 bis unter 20	23,6 %
20 und mehr	62,8 %
ohne Angabe	2,0 %

Basis: 145 Industrieunternehmen
28 Handelsunternehmen
26 Sonstige Unternehmen

48 Industrieunternehmen (33,1 %) erzielen einen Teil ihres Umsatzes im Handels-
bereich. Bei 37,5 % dieser Unternehmen liegt der Anteil am Gesamtumsatz unter 10
% , bei 31,2 % zwischen 10 % und 20 %. Weitere 31,3 % weisen einen Anteil von
über 20 % auf, von denen lediglich 14,5 % einen solchen von über 40 % erzielen.

3315 Mitarbeiterstruktur

Die Auswertung der Angaben der an der Untersuchung beteiligten Unternehmen bezüglich der Mitarbeiterzahlen ergibt, daß die durchschnittliche Mitarbeiterzahl 170 beträgt. Bei den Industrieunternehmen beläuft sie sich auf durchschnittlich 162 Mitarbeiter, bei den Handelsbetrieben auf durchschnittlich 157 Mitarbeiter und bei den sonstigen Unternehmen auf durchschnittlich 225 Mitarbeiter. Dabei beschäftigen 31,7 % der Industrieunternehmen und 17,9 % der Handelsunternehmen zwischen 100 - 199 Mitarbeiter. Dadurch ist die Abweichung der durchschnittlichen Beschäftigtenzahl von Industrie- und Handelsunternehmen erklärbar. Die relativ hohe Beschäftigtenzahl bei den sonstigen Unternehmen ist darin zu sehen, daß 42,3 % der Unternehmen zwischen 100 und 199 Mitarbeiter aufweisen. Die Summe der Mitarbeiter aller an der Untersuchung beteiligten Unternehmen beträgt 33.479, davon entfallen 23.240 auf die Industrie, auf den Handel 4.390 und 5.849 auf die sonstigen Unternehmen.

Von großem Interesse ist in diesem Zusammenhang die Beantwortung der Frage, wieviele Mitarbeiter der Industrieunternehmen in der Fertigung und wieviele in den übrigen Unternehmensbereichen (Vertrieb, Rechnungswesen, Beschaffung, usw.) tätig sind. Auf der Basis der Angaben von 121 Unternehmen ergibt sich, daß 74,43 % der Mitarbeiter in der Fertigung eingesetzt werden, d.h., auf 2,9 Mitarbeiter in der Fertigung entfällt ein Mitarbeiter in den übrigen Unternehmensbereichen. Lt. einer Untersuchung des Prognos AG betrug der Prozentsatz der im Bürobreich tätigen Mitarbeiter an der Gesamtzahl aller Beschäftigten in der r Bundesrepublik Deutschland im Jahre 1980 53 % . Dieser Prozentsatz wird im Jahre 2000 aufgrund einer Schätzung auf 69 % ansteigen.[44] Die hohe   Differenz der in der Untersuchung ermittelten Werte zu vorstehenden Prozentsätzen ist darin zu sehen, daß die mittelständischen Industrieunternehmen im wesentlichem in der Einzel- und Kleinserienfertigung tätig sind. Dieser Tatbestand bedingt eine höhere Anzahl von Mitarbeitern in der Fertigung, da durch diese Fertigungsart ein geringerer Grad der Automatisierung als in den großen Industrieunternehmen aufgrund der Großserien- und Massenfertigung möglich ist.

---

[44] vgl. Bullinger, H. J., Wettbewerbsvorteile durch Informationsmanagement, in : Bullinger, H. J., (Hersg.), Büroforum 86, Berlin - Heidelberg - New York - Tokio 1986

Abb. 18 : Anteil der Mitarbeiter in der Fertigung an der Gesamtmitarbeiterzahl der untersuchten Unternehmen

Unternehmensgröße	prozentualer Anteil der Mitarbeiter der Fertigung an der Gesamtzahl der Mitarbeiter	prozentualer Anteil der Mitarbeiter der übrigen Unternehmensbereiche an der Gesamtzahl der Mitarbeiter
50 - 99	74, 2 %	25,8 %
100 -199	74,6 %	25,4 %
200 - 299	69,5 %	30,5 %
300 - 399	84,4 %	15,6 %
400 - 499	74,1 %	25,9 %
Durchschnitt	75,4 %	24, 6 %

Basis : 121 Industrieunternehmen

Unter Berücksichtigung der Unternehmensgrößen liegen die Anteile der in den übrigen Unternehmensbereichen tätigen Mitarbeiter der Größenklassen 50 -99 Mitarbeiter, 100 - 199 Mitarbeiter und 400 - 499 Mitarbeiter eng um den Wert von 25,6 % , d.h., die Abweichungen voneinander sind unerheblich und nicht erklärungsbedürftig. Der dagegen relativ hohe Wert von 30,5 % in der Größenklasse 200 - 299 Mitarbeiter und der relativ geringe Wert von 15,6 % in der Größenklasse 3oo - 399 Mitarbeiter kann wohl darauf zurückgeführt werden, daß die befragten Unternehmen im Grenzbereich des Übergangs dieser beiden Größenklassen ungenaue Angaben im Hinblick auf die Einordnung in diese Größenklassen gemacht sowie Mitarbeiter in unterschiedlicher Weise der Fertigung und den anderen Unternehmensbereichen zugeordnet haben, z.B. Lager, Beschaffung. Bildet man für beide Größenklassen einen Durchschnitt, so ergibt sich ein Wert von 23,1 % , der durchaus plausibel erscheint. Unter Berücksichtigung dieses Sachverhaltes kann mithin die Schlußfolgerung gezogen werden, daß unabhängig von der Größenklasse in mittelständischen Industrieunternehmen rd. 75 % ihrer Mitarbeiter in der Fertigung beschäftigt sind.

Von weiterem Interesse ist die Beantwortung der Frage, wie hoch der Anteil der mit Führungs- und Leitungsaufgaben betrauten Mitarbeiter (Manager) außerhalb der Fertigung an der Gesamtzahl der in diesen Unternehmensbereichen tätigen Mitarbeiter ist.

Abb. 19: Anteil des Managements an der Anzahl der außerhalb der Fertigung beschäftigten Mitarbeiter und durchschnittliche Leitungsspanne

Unternehmensgrößen	prozentualer Anteil der Manager an der Gesamtzahl der Mitarbeiter	durchschnittliche Leitungsspanne
50 - 99	15,8 %	5,3
100 - 199	13,5 %	6,4
200 - 299	8,5 %	10,8
300 - 399	27,9 %	2,6
400 - 499	8,7 %	7,0
Durchschnitt	14,9 %	6,4

Basis : 121 Industrieunternehmen

Der Anteil der Leitungs- und Führungsaufgaben wahrnehmenden Mitarbeiter außerhalb der Fertigung schwankt in den Größenklassen 50 - 99 Mitarbeiter, 100 - 199 und 400 - 499 Mitarbeiter zwischen 8,7 % und 15,8 % . Eine auf dieser Basis ermittelte Leitungsspanne über alle Hierarchieebenen bewegt sich zwischen den Werten 5,3 und 7,0. Die Größenklassen 2oo - 299 und 300 - 399 Mitarbeiter mit Leitungsspannen von 10,8 und 2,6 weichen erheblich von den übrigen Werten ab. Dies entspricht den bereits vorstehend dargelegten Abweichungen bei den Werten für die Aufteilung der Mitarbeiter auf den Fertigungs- und die übrigen Unternehmensbereiche. Bildet man aber wie dort einen Durchschnittswert für beide Größenklassen aufgrund der bereits benannten Gründe, so ergibt sich ein Wert von 6,7, der in der Bandbreite der übrigen Größenklassen liegt.

Bei den Handelsbetrieben ergibt sich für den Anteil der mit Führungs- und Leitungsaufgaben betrauten Mitarbeiter ein durchschnittlicher Wert von 5 % (entspricht einer durchschnittlichen Leitungsspanne von 18,9). Dieser liegt erheblich unter dem Durchschnittswert der Industrieunternehmen von 14,9 % (durchschnittliche Leitungsspanne 6,4). Dies liegt darin begründet, daß die Anzahl der heterogenen Aufgabenkomplexe in den Handelsbetrieben geringer ist als in den Industrieunternehmen (Wegfall aller mit der Fertigung zusammenhängenden Aufgaben). Hingewiesen sei in diesem Zusammenhang auf die hohen Leitungsspannen im Außendienst sowie im Lagerbereich der Handelsunternehmen.

Zusammenfassung

Aufgrund der Auswertung der allgemeinen Merkmale läßt sich das "typische" mittelständische Unternehmen wie folgt charaktersieren:
Das mittelständische Unternehmen wird vorrangig in der Rechtsform der GmbH bzw. der GmbH & Co KG geführt, beschäftigt durchschnittlich 168 Mitarbeiter, von denen bei Industrieunternehmen rd. 75 % in der Fertigung tätig sind, der Anteil der mit Leitungs- und Führungsaufgaben betrauten Mitarbeiter beläuft sich auf ca. 14 % (Leitungsspanne ca. 6,0), der Umsatz überschreitet die Grenze von 20 Mio. DM .

332 Struktur der Leitungsbeziehungen (Konfiguration)

Die Leitungsstruktur eines Unternehmens kann mit Hilfe der Indikatoren Anzahl der Hierarchieebenen, Anzahl der Abteilungsleiter und Anzahl der Stellen ohne Entscheidungsbefugnisse (Stabs- und Beratungsstellen) charakterisiert werden. Die Auswertung der diesbezüglichen Angaben der in die Untersuchung einbezogenen Unternehmen führt zu den folgenden Ergebnissen.

Anzahl der Hierarchieebenen

Die mittelständischen Unternehmen weisen am häufigsten drei Hierarchieebenen auf (Industrtie 54,5 % , Handel 46,2 % und sonstige Unternehmen 42,2 %). Der Durchschnitt über alle Unternehmensgruppen beträgt 3,1, wobei sich für Industrie und Handel ein Durchschnitt von 3,0 und für die sonstigen Unternehmen ein solcher von 3,4 ergibt. Dies ist die Folge einer ziemlich gleichen Verteilung über die Anzahl der Hierachieebenmen bei den drei gebildeten Unternehmensgruppen. Gleichfalls ist eine recht deutliche Linearität zwischen der Anzahl der Mitarbeiter und der Hierarchieebenen festzustellen, d.h., die Anzahl der Hierarchieebenen wächst mit der Beschäftigtenzahl.

Anzahl der Stabsstellen

Insgesamt fiel der Anteil der Unternehmen mit Stabsstellen relativ gering aus. 57,8% der Unternehmen haben keine Stabsstelle eingerichtet. 42,2 % der Unternehmen weisen solche mit einem Durchschnitt in Höhe von 2,75 Stabsstellen auf. Von diesen Unternehmen haben 38,1 % nur eine und 20,2 % zwei Stabsstellen eingerichtet. Nur 22,6 % weisen vier oder mehr Stabsstellen aus. Dabei ist zu beachten, daß auch Einpersonenstellen (z. B. Assistent der Geschäftsleitung, des Betriebsleiters) in diesen Werten Berücksichtigung gefunden haben. Ein Vergleich der Durchschnittswerte der drei gebildeten Unternehmensgruppen Industrie, Handel und sonstige Unternehmen ergibt keine gravierenden Unterschiede (Industrie : 40 % der Unternehmen mit einer durchschnittlichen Anzahl von 2,7 Stabsstellen; Handel: 46,4%

mit einemDurchschnitt von 2,5 Stabsstellen ; sonstige Unternehmen: 50 % mit einem Durchschnitt von 3,0 Stabsstellen). Die Anzahl der Stabsstellen in Abhängigkeit von der Betriebsgröße weist einen progessiven Verlauf auf.

Dieses Ergebnis zeigt, daß Stabsstellen, insbesondere in Form von Mehrpersonenstellen, eher in großen Unternehmen als in mittelständischen Unternehmen anzutreffen sind. Derartige Aktionseinheiten, die keine Entscheidungsbefugnisse besitzen, sondern entscheidungsvor- und -nachgelagerte Aufgaben wahrnehmen, sind in mittelständischen Unternehmen aufgrund des Aufgabenvolumens nicht erforderlich bzw. werden als wirtschaftlich nicht vertretbar angesehen.

Abteilungsleiter

Für die Anzahl der Abteilungsleiter ergibt sich ein Durchschnittswert für alle Unternehmen in Höhe von 5,2, bei der Industrie von 4,9, beim Handel von 6,0 und bei den sonstigen Unternehmen von 6,2. Der vergleichsweise niedrige Wert der Industrie ist darauf zurückzuführen, daß 25 Industrieunternehmen (17,3 %) keinen Abteilungsleiter ausweisen, d.h., daß die Unternehmensleitung für alle Funktionsbereiche des Unternehmens die Leitungs- und Führungsaufgaben wahrnimmt. In allen Unternehmensgruppen ist die Häufigkeitsverteilung relativ gleichartig, wobei jeweils die Kategorien 5 und 6 bis 8 Abteilungsleiter am häufigsten vertreten sind. Die Kreuztabellierung zwischen der Beschäftigtenzahl und der Anzahl der Abteilungsleiter ergibt ebenfalls einen nahezu linearen Verlauf.

Die prozentuale Häufigkeitsverteilung und die durchschnittliche Anzahl der Hierarchiebenen, der Stabsstellen sowie der Abteilungsleiter der untersuchten Unternehmen ergibt sich aus der folgenden Abbildung.

Abb. 20: Prozentuale Häufigkeitsverteilung und durchschnittliche Anzahl der Hierarchieebenen, Stabsstellen und Abteilungsleiter

Anzahl	Hierarchieebenen	Stabsstellen	Abteilungsleiter
0	—	57,8 %	14,1 %
1	11,6 %	16,1 %	2,0 %
2	8,5 %	8,6 %	4,5 %
3	51,3 %	8,0 %	10,6 %
4	21,1 %	3,5 %	11,1 %
5	5,0 %	2,0 %	17,6 %
6 - 8	2,5 %	2,0 %	20,1 %
9 - 10	—	1,0 %	8,5 %
11 und mehr	—	1,0 %	11,5 %
Σ	100 %	100 %	100 %
Durchschnitt	3,1	1,2	5,2

Basis: 145 Industrieunternehmen
28 Handelsunternehmen
26 sonstige Unternehmen

Die Analyse der verfügbaren Organigramme bestätigt die vorstehenden Ergebnisse bezüglich der Anzahl der Hierarchieebenen, Stabsstellen und Abteilungsleiter.

Zusammenfassung

Aufgrund der vorangehenden Ausführungen und der Analyse der vorstehenden Tabelle kann im Hinblick auf die Gestaltung der Leitungsstruktur der mittelständischen Unternehmen folgendes zusammenfassend festgestellt werden:

- Die hierarchische Tiefengliederung ist gering (durchschnittlich 3,1 Hierarchieebenen), d.h., die mittelständischen Unternehmen weisen eine flache hierarchische Struktur auf; dies ist u.a. durch den geringen Anteil der mit Leitungs- und Führungsaufgaben betrauten Mitarbeiter bedingt.
- Die Unterstützung der Instanzen (Leitungsstellen) im Hinblick auf die Wahrnehmung der Leitungs - und Führungsaufgaben durch Stabsstellen ist insgesamt als

relativ gering zu betrachten (nur bei 42,2 % der Unternehmen, wobei die Anzahl der Stabsstellen mit 2,8 Stellen gleichfalls als niedrig anzusehen ist). Dies ist einerseits auf die geringe hierarchische Tiefengliederung und andererseits auf die relativ geringe Zahl der Abteilungsleiter (durchschnittlich 5,2) zurückzuführern.

- Weiterhin ist festzustellen, daß in mittelständischen Unternehmen mit Stabsstellen deren Zahl mit wachsender Anzahl der Hierarchieebenen und steigender Anzahl der Abteilungsleiter abnimmt, d.h., bei geringer hierarchischer Tiefengliederung und einer geringen Zahl von Abteilungsleitern nutzen die mittelständischen Unterneh-Unternehmen eher die Vorteile von Stabsstellen (Unterstützungseinheiten).

Die Leitungsbeziehungen sind in den Industrie-, Handels- und sonstigen Unternehmen durch das Prinzip der Einheit der Auftragserteilung gekennzeichnet, wie das folgende Ergebnis der Auswertung der zur Verfügung gestellten Organigramme zeigt.

Abb. 21: Leitungsbeziehungen in mittelständischen Unternehmen

Leitungsbeziehungen	Anzahl der Unterenhmen in %
Einliniensystem	34,6
Stabliniensystem	50,0
Mehrliniensystem	15,4
Gesamt	100

Faßt man die Werte für das Einlinien- und Stabliniensystem zusammen - dies ist aufgrund der Tatsache sinnvoll, daß beide Strukturen auf dem Prinzip der Einheit der Auftragserteilung beruhen - so ergibt sich ein Prozentsatz von 84,6 % . Die Stablinienstruktur ist laut vorstehenden Werten bei 50 % der Unternehmen anzutreffen. Dieser Sachverhalt wird bestätigt durch den ausgewiesenen Wert in Höhe von 42,2 % in der Abbildung 20 für Unternehmen mit Stabsstellen. Die Abweichung der Werte ist dadurch bedingt, daß nicht alle Unternehmen Organigramme zur Verfügung gestellt haben. Dabei ist zu beachten, daß die Stabsstellen häufig Einpersonenstellen sind (z.B. Assistent der Unternehmensleitung, der Produktionsleitung, der Vertriebsleitung, Ergebnis der Analyse der von Unternehmen bereitgestellten Organigramme). Der Anteil des Mehrliniensystems (Mehrfachunterstellung) in Höhe von 15,4 % in mittelständischen Unternehmen ist darauf zurückzuführen, daß z.T. Mitarbeiter an einer Vielzahl von unterschiedlichen Aufgaben in Folge des jeweiligen niedrigen Aufgabenvolumens beteiligt sind, die verschiedenen Abteilungsleitern als Zuständigkeitsbereich zugeordnet sind. Damit ist die Mehrfachunterstellung als eine Folge der möglichst vollständigen Auslastung der personellen Kapazitäten zu sehen.

333 Abteilungsstruktur (sachliche Spezialisierung)

In den folgenden Ausführungen soll u.a. auch die These " mittelständische Unternehmen weisen eine einfache Struktur und vorzugsweise eine traditionelle Organisationsstruktur (funktionale) auf ", aufgrund der empirischen Befunde einer eingehenden Überprüfung unterzogen werden.

Ob eine effiziente Aufgabenerfüllung in mittelständischen Unternehmen gewährleistet ist, hängt u.a. davon ab, wie das Unternehmen abteilungs- / stellenmäßig gegliedert ist. Aus diesem Grunde wird im folgenden untersucht, welche Abteilungen /Ressorts in den mittelständischen Unternehmen eingerichtet wurden.

Insgesamt werden die folgenden sieben Abteilungen unterschieden : Datenverarbeitung / Organisation, Personalwesen, Beschaffung / Einkauf /Materialwirtschaft, Absatz / Vertrieb / Marketing, Finanzierung / Investition, Rechnungswesen / Steuern, Fertigung / Produktion. Für die einzelnen Abteilungen wurden in der Befragung unterschiedliche Benennungen zusammengefaßt, um die Beantwortung der gestellten Fragen nach den vorhandenen Abteilungen zu erleichtern, da die verwandten Begriffe in der Praxis z.T. synonym verwandt und unter ihnen dieselben Aufgabenkomplexe subsumiert werden.

Die durchschnittliche Anzahl der eingerichteten Abteilungen liegt für alle Unternehmen bei 4,9. Dieser Wert korrespondiert mit der ermittelten Durchschnittszahl, basierend auf der Häufigkeitsverteilung der gebildeten Abteilungen (siehe Abb. 23). Industrieunternehmen weisen 5,1, Handelsbetriebe 4,5 und die sonstigen Unternehmen 4,3 Abteilungen auf. Diese Werte weisen darauf hin, daß Industrieunternehmen eine differenziertere Abteilungsstruktur besitzen als Handelsbetriebe und die sonstigen Unternehmen. Mit welcher Häufigkeit die einzelnen Abteilungen in den mittelständischen Unternehmen vorhanden sind, ergibt sich aus der folgenden Zusammenstellung.

Abb. 22: Aufschlüsselung der eingerichteten Abteilungen / Ressorts

eingerichtete Abteilungen / Ressorts	Zahl der Unternehmen	
	absolut	relativ
Absatz / Vertrieb / Marketing	167	83,9 %
Beschaffung / Einkauf / Materialwirtschaft	160	80,4 %
DV / Organisation	140	70,4 %
Finanzierung / Investition	64	32,2 %
Fertigung / Produktion	151	75,9 %
Personalwesen	129	64,8 %
Rechnungswesen / Steuern	162	81,4 %
Durchschnitt	4,9	70,0 %

Basis: 145 Industrieunternehmen
     28 Handelsbetriebe
     26 sonstige Unternehmen

Die Häufigkeitsauszählung der Anzahl der unterschiedlichen Abteilungen ergab, daß 25,3 % der mittelständischen Unternehmen sechs Abteilungen eingerichtet haben, gefolgt von 20,7 % mit vier und jeweils 18,7% mit fünf bzw. sieben Abteilungen. Die größere Durchschnittszahl der gebildeten Abteilungen (5,1) der Industrieunternehmen gegenüber den Handelsbetrieben (4,5) und sonstigen Unternehmen (4,3) ergibt sich dadurch, daß 22,9 % der ersteren sieben und 27,1 % sechs Abteilungen aufweisen, während die entsprechenden Prozentsätze bei den Handelsunternehmen 7,1 % bzw. 25,0 % und bei den sonstigen Unternehmen 7,7 % bzw. 15,5 betragen. Zudem ist das Aufgabenvolumen bei Industrieunternehmen aufgrund der Fertigung umfangreicher und differenzierter.

Abb. 23 : Häufigkeitsverteilung der Anzahl der gebildeten unterschiedlichen Abteilungen

Anzahl der unterschied-lichen Abteilungen	Anzahl der Unternehmen	
	absolut	relativ
7	37	18,7 %
6	50	25,3 %
5	37	18,7 %
4	41	20,7 %
3	15	7,6 %
2	9	4,5 %
1	2	1,0 %
0	7	3,5 %
Gesamt	198	100 %

Basis : 144 Industrieunternehmen
28 Handelsbetriebe
26 sonstige Unternehmen

Die Kreuztabellierung zwischen der Anzahl der Beschäftigten und der Anzahl der Abteilungen ergibt, daß zunächst ein steigender und dann ein nahezu konstanter Verlauf der Anzahl der Abteilungen bei zunehmender Beschäftigtenanzahl gegeben ist. Die durchschnittliche Anzahl der Abteilungen / Ressorts in Höhe von 4,9 und der vorstehende Verlauf der Anzahl der Abteilungen bei zunehmender Beschäftigtennzahl läßt folgende Schlußfolgerungen zu:
Um eine effiziente Aufgabenerfüllung in mittelständischen Unternehmen zu gewähr-leisten, ist eine Mindestanzahl von Abteilungen / Ressorts erforderlich. Weiterhin ist aus der Abbildung 22 ist erkennbar, daß es sich hierbei um Abteilungen handelt, die die Kernfunktionen des Unternehmens Absatz / Marketing / Vertrieb, Einkauf / Beschaffung / Materialwirtschaft und Rechnungslegung (im weitesten Sinn) als wesentlicher Bestandteil des betrieblichen Informationssystems sowie die damit eng verbundene Unterstützungsfunktion Datenverarbeitung zum Inhalt haben.
Übereinstimmend kann für die mittelständischen Unternehmen aller drei gebildeten Unternehmensgruppen festgestellt werden, daß als Grundlage für die Bildung der Aufgabenkomplexe und damit der Aktionseinheiten (Stellenbildung) die betrieblichen Funktionen Verwendung finden (Verrichtungsprinzip). Im Hinblick auf die Differenzierung der Abteilungsstruktur, d.h., die Anzahl der Abteilungen mit unterschiedlichen Aufgabenkomplexen (basierend auf der Detaillierung der betrieblichen Funktionen /Verrichtungen), können keine bemerkenswerten Unterschie-

de zwischen den gebildeten Unternehmensgruppen festgestellt werden. Weist die durchschnittliche Anzahl der eingerichteten Abteilungen für die industriellen mittelständischen Unternehmen mit einem Wert von 5,1 gegenüber den Handels- und den sonstigen mittelständischen Unternehmen mit einem Wert von 4,3 auch einen erheblichen Unterschied auf, so ist dieser auf die Fertigungsfunktion der Industrieunternehmen zurückzuführen.

Die Auswertung der verfügbaren Organigramme bestätigt die aufgrund der Befragung ermittelten Ergebnisse bezüglich der Anzahl und Art der gebildeten Abteilungen.

Der Detaillierungsgrad in der Abteilungsstruktur wirkt sich auf den Entscheidungsprozeß in den mittelständischen Unternehmen insofern aus, daß

- die Informationssammlung und - aufbereitung weniger intensiv und umfang ist
- die Entscheidungsvorbereitung im geringerem Umfang auf die Abteilungsleiter / Mitarbeiter übertragen wird und
- Bereichsentscheidungen zentral, d.h., nicht vorrangig von den Abteilungsleitern getroffen werden.

Da zwischen der Gebilde - und Prozeßstruktur enge Beziehungszusammenhänge bestehen, lassen sich im Hinblick auf die Strukturparameter der Prozeßstruktur der mittelständischen Unternehmen aus den vorstehenden Ergebnissen bezüglich der Abteilungsbildung folgende Hinweise ableiten:

- die Prozeßstruktur weist eine funktionale Spezialsierung auf
- eine ganzheitliche Aufgabenerfüllung ist nicht gegeben
- die nach Funktionen gebildeten Abteilungen weisen auf eine abfolgegebundene Abstimmung der Verrichtungen eines Aufgabenerfüllungsprozesses hin.

334 Verteilung der Entscheidungsaufgaben (formale Spezialisierung)

Um Aussagen über die Verteilung der Entscheidungsaufgaben in mittelständischen Unternehmen und damit über den Grad der Entscheidungszentralisation bzw. -dezentralisation treffen zu können, wurden Fragen formuliert, die sich auf die Delegation von Entscheidungen, die Mitwirkung der Mitarbeiter an den Entscheidungen sowie auf das Treffen von Routineentscheidungen durch die Unternehmensleitung beziehen.

Die Auswertung der Antworten auf die ersten beiden Fragestellungen gibt die Abbildung 24 wieder.

Abb. 24: Diskussion und Delegation von Entscheidungen in mittelständischen Unternehmen

Diskussion und Delegation von Entscheidungen	Anzahl der Unternehmen	
	absolut	prozentual
Das Management delegiert Aufgaben und Entscheidungen an Mitarbeiter. Nur Grundsatzentscheidungen werden vom Management getroffen.	72	36,2 %
Die Manager setzen Ziele und grenzen die Entscheidungsspielräume ab; die Mitarbeiter entscheiden selbständig im Rahmen ihrer Befugnisse.	134	67,3 %
Die Mitarbeiter entwickeln Vorschläge; das Management wählt den geeignet erscheinenden Vorschlag aus.	57	28,6 %
Die Mitarbeiter werden über die Entscheidungen informiert; sie haben die Möglichkeit, ihre Meinung dazu zu äußern.	101	50,8 %
Das Management entscheidet, ist aber bemüht, die Mitarbeiter von der Entscheidung zu überzeugen.	55	27,6 %
Das Management entscheidet und ordnet an.	10	5,0 %

Mehrfachnennungen möglich
Basis: 145 Industrieunterenhmen
    28 Handelsbetriebe
    26 sonstige Unternehmen

Wie sich aus den vorstehenden Auswertungsergebnissen sichtbar wird, gibt in 67,3 % der mittelständischen Unternehmen das Management den Mitarbeitern die Ziele und die Entscheidungsspielräume vor. Da in 50,8 % der Unternehmen die Mitarbeiter zu den Entscheidungen ihre Ansicht äußern können, aber nur in 28,6 % der Unternehmen Vorschläge erarbeiten, kann davon ausgegangen werden, daß Ziele und Entscheidungs-spielräume ohne Mitwirkung der Mitarbeiter festgelegt werden. Diesem Sachverhalt entspricht auch die Feststellung, daß nur in 27,6 % der Unternehmen das Management die Mitarbeiter von den Entscheidungen zu überzeugen versucht.

Die hier bereits erkennbare Tendenz zur Entscheidungszentralisation findet eine Bestätigung in dem Umfang der Routineentscheidungen (siehe Abbildung 25), die von der Unternehmensleitung getroffen werden.

Abb. 25: Anteil der Routineentscheidungen an den Entscheidungen der Unternehmensleitung

Spanne der Routineent-scheidungen	Anzahl der Unternehmen			
	absolut	relativer %	berichtigter %	kumulierter %
mehr als 80 %	19	9,6	10,0	10,0
60 % - 80 %	45	22,6	23,6	33,6
40 % - 60 %	57	28,6	29,8	63,4
20 % - 40 %	44	22,1	23,0	86,4
weniger als20%	26	13,1	13,6	100
ohne Angaben	8	4,0	—	—
Gesamt	199	100	100	—

Basis: 145 Industrieunternehmen
     28 Handelsunternehmen
     26 sonstige Unternehmen

Mehr als 50 % der Unternehmensleitungen mittelständischer Unternehmen treffen Entscheidungen, die zu mehr als 50 % den Routineentscheidungen zuzuordnen sind. Diese Feststellung gilt für alle in die Untersuchung einbezogenen mittelständischen Unternehmen . Der Anteil der Routineentscheidungen von mehr als 80 % an der Gesamtzahl der Entscheidungen liegt bei 17,9 % der Handelsbetriebe und bei 15,4 % der sonstigen Unternehmen erheblich über dem entsprechenden Prozentsatz von 6,9 % bei den Industrieunternehmen. Die Entscheidungszentralisation in Handelsunternehmen und sonstigen Unternehmen ist damit stärker ausgeprägt als in den Industrieunternehmen. Dies bestätigt auch die Auswertung der ersten beiden Fragestellungen.

Die Tendenz zur Entscheidungszentralisation in der Unternehmensleitung wird weiterhin dadurch dokumentiert, daß in nur 36,2 % der Unternehmen Aufgaben und Entscheidungen weitgehend auf die Mitarbeiter delegiert werden und das Management sich lediglich die Grundsatzentscheidungen vorbehält (siehe Abbildung 24).

335 Formen der Koordination

Die arbeitsteilige Aufgabenerfüllung im Unternehmen muß auf die Gesamtunternehmenszielsetzung ausgerichtet werden. Dazu bedarf es einer effizienten Wahrnehmung der Koordinationsaufgabe. Diese kann in unterschiedlicher Form gestaltet werden. Es wird zwischen der personenorientierten Koordination (Anweisungen durch die Vorgesetzten, Selbstkoordination der Mitarbeiter, Verfahrensanweisungen und Richtlinien als Formen genereller Anweisungen), der strukturellen Koordination (Ausschüsse, Stäbe, Konferenzen) und der technokratischen Koordination (Planzahlen, Budgets) unterschieden. Die in den mittelständischen Unternehmen eingesetzten Koordinationsformen ergeben sich aus der folgenden Abbildung.

Abb. 26: Formen der Koordination in mittelständischen Unternehmen

Formen der Koordination	Zahl der Unternehmen	
	absolut	relativ
Anweisungen durch Vorgesetzte	123	61,8 %
Verfahrensanweisungen, Richtlinien	91	45,7 %
Panzahlen, Budgets, Kennzahlen	86	43,2 %
Sebstkoordination der Mitarbeiter	80	40,2 %
Aktionseinheiten (Stäbe, Ausschüsse, Konferenzen)	55	27,6 %
sonstige Regelungen	4	2,0 %

Mehrfachnennungen möglich
Basis: 145 Industrieunternehmen
       28 Handelsunternehmen
       26 sonstige Unternehmen

Die Auswertung vorstehender Ergebnisse führt zu folgenden Feststellungen:
Die mittelständischen Unternehmen setzen bevorzugt die personenorientierte Koordination ein (Anweisungen durch Vorgesetzte (fallweise Koordination), Verfahrensanweisungen / Richtlinien (generelle Koordination), Selbstkoordination). Bei dieser überwiegt die Form der Einzelanweisung (eingesetzt in 61,8 % der Unternehmen) und die der generellen Anweisungen (eingesetzt in 45,7 % der Unternehmen), wohingegen die Selbstkoordination der Mitarbeiter an letzter Stelle rangiert (eingesetzt in 40,2 % der Unternehmen). Dieser Sachverhalt ist als eine Folge der Entscheidungszentralisation in den mittelständischen Unternehmen zu sehen.
Die technokratische Koordination (Vorgabe von Planzahlen, Budgets, Kennzahlen) wird in 43,2 % der Unternehmen praktiziert.
Die strukturelle Koordination weist gegenüber den beiden anderen Koordinationsformen den niedrigsten Einsatzgrad auf (eingesetzt in 27,6 % der Unternehmen).

Gravierende Unterschiede zwischen den drei gebildeten Unternehmensgruppen ergeben sich bei der Selbstkoordination der Mitarbeiter - Industrieunternehmen 38,6 %% , Handelsunternehmen 60,7 % , sonstige Unternehmen 26,9 % - sowie bei den generellen Anweisungen - Industrieunternehmen 42,7 % , Handelsunternehmen 64,3 % , sonstige Unternehmen 42,3 % . Der unterschiedliche Einsatz der generellen Anweisungen ist darin begründet, daß die Handelsunternehmen im höheren Maße die Möglichkeit besitzen, im Hinblick auf die Aufgabenerfüllung ein gleichartiges Vorgehen zu praktizieren (geringerer Grad der Heterogenität der Aufgabeninhalte). Beim Einsatz der übrigen Koordinationsformen sind keine gravierenden Unterschiede feststellbar.

336 Dokumentation der Organisationsstruktur (Formalisierung)

Bei der Dokumentation der Organisationsstruktur der Unternehmen muß zwischen den Formen für die Gebilde - (Aufbauorganisation) und die Prozeßstruktur (Ablauforganisation) unterschieden werden. Die Auswertung der von den befragten Unternehmen bereitgestellten Informationen wird in der folgenden Abbildung dokumentiert.

Abb. 27: **Formen der Dokumentation der Organisationsstruktur** mittelständischer Unternehmen

Formen der Dokumentation der Organisationsstruktur	Zahl der Unternehmen	
	absolut	relativ
Gebildestruktur		
- Organigramme	131	65,8 %
- Stellenbeschreibungen	90	45,2 %
- Arbeitsplatzbeschreibungen	54	27,1 %
Prozeßstruktur		
- Ablaufdarstellungen	52	26,1 %
- Verfahrensanweisungen	80	40,2 %
andere Dokumente	15	7,5 %
keine Dokumentation	19	9,5 %

Mehrfachnennungen möglich
Basis : 145 Industrieunternehmen
        28 Handelsunternehmen
        26 sonstige Unternehmen

Zunächst ist aufgrund der vorstehenden Werte festzustellen, daß die Gebildestruktur im weitaus größerem Umfang dokumentiert wird als die Prozeßstruktur. 65,8 % der mittelständischen Unternehmen besitzen Organigramme, 45,2 % Stellenbeschreibungen und 27, 1 % Arbeitsplatzbeschreibungen. Da die Begriffsinhalte Stellen- und Arbeitsplatzbeschreibung in der Praxis häufig gleichgesetzt werden, kann festgestellt werden, daß mehr als die Hälfte der mittelständischen Unternehmen die Gebildestruktur in der einen oder der anderen Form dokumentiert haben. In diesem Zusammenhang muß aber betont werden, daß Organigramme und Stellenbeschreibungen (Arbeitsplatzbeschreibungen) inhaltlich keine alternativen Dokumentationsmöglichkeiten darstellen sondern einen ergänzenden Charakter besitzen. Unter Berücksichtigung dieses Tatbestandes kann festgestellt werden, daß eine unzureichende Dokumentation der Gebildestruktur gegeben ist. Dabei ist noch zu berücksichtigen, daß 9,5 % der Unternehmen keine Dokumentation der Organisationsstruktur besitzen.

Die Prozeßstruktur wird in weniger als der Hälfte der Unternehmen dokumentiert, sei es in Form von Arbeitsablaufdarstellungen (26,1 %) oder Verfahrensanweisungen (40,2 %).

Der unterschiedliche Dokumentationsgrad der Gebilde- und der Prozeßstruktur läßt darauf schließen, daß in den mittelständischen Unternehmen den Aspekten Hierarchie, Kompetenz, Entscheidungsbefugnisse, Zuständigkeiten usw. ein höheres Gewicht beigemessen wird als der Gestaltung der Aufgabenerfüllungsprozesse. Im Hinblick auf diese Feststellung sind keine gravierenden Unterschiede zwischen den drei gebildeten Unternehmensgruppen festzustellen.

Bei einem derart geringen Dokumentationsgrad im Hinblick auf die Leitungs- und Abteilungsstruktur bzw. die Verteilung von Aufgaben, Kompetenzen und Verantwortung muß die Frage gestellt werden, woher die einzelnen Mitarbeiter die Information erhalten, für welche Aufgabenerfüllungen sie zuständig sind. Als Erklärungsmöglichkeiten bieten sich die folgenden Alternativen an:

- die Leitungs- und Abteilungsstrukturen sind in mittelständischen Unternehmen so überschaubar, daß sie keiner Dokumentation bedürfen;
- die Verteilung von Aufgaben, Kompetenzen und Verantwortung wird vorrangig dispositiv bzw. improvisatorisch geregelt, weniger organisatorisch (langfristig und generell) ;
- die Dokumentation der Leitungs- und Abteilungsstruktur bzw. der Verteilung der Aufgaben, Kompetenzen und Verantwortung wird nicht als wichtig erachtet bzw. der Aufwand für die Erstellung und die laufende Pflege der entsprechenden Dokumentation als nicht vertretbar.

In der Überschaubarkeit der mittelständischen Unternehmen sowie im Übergewicht dispositiver Regelungen gegenüber organisatorischer Regelungen werden wohl die Ursachen für den geringen Umfang der Dokumentation in Bezug auf die Leitungs- und Abteilungsstruktur sowie die Verteilung der Aufgaben, Kompetenzen und Verantwortung zu sehen sein. Eine unzulässige Schlußfolgerung aufgrund der vorliegenden Befragungsergebnisse wäre es daher, von einem niedrigen Organisationsniveau der mittelständischen Unternehmen zu sprechen. Hier ist zudem zu berücksichtigen, daß die Dokumentation (Formalisierung) nicht als eine eigenständige Dimension der Organisationsstruktur anzusehen ist. Vielmehr lassen sich die mittelständischen Unternehmen zugeschriebenen Eigenschaften wie Flexibilität, große Reaktionsfähigkeit u. a. auf obige Sachverhalte zurückführen.

337 Wahrnehmung der Organisationsaufgaben

In den folgenden Ausführungen werden die Thesen ,

- der Organisationsaufgabe wird in mittelständischen Unternehmen eine nur geringe Bedeutung zugeordnet bzw.
- den Organisationsentscheidungen wird in mittelständischen Unternehmen nur eine geringe Aufmerksamkeit gewidmet,

aufgrund folgender Fakten, die als Indikatoren für die Beurteilung vorstehender Thesen herangezogen werden können, einer Überprüfung unterzogen:

- Bestimmungsfaktoren der bestehenden Organisationsstruktur
- in der Organisationsstruktur zu berücksichtigende Bestimmungsfaktoren
- Häufigkeit und Gründe der Veränderungen der Organisationsstruktur
- Beurteilung der Organisationsstruktur als ein wesentlicher Erfolgsfaktor
- Träger der Organisationsentscheidungen
- Fundierung der Organisationsentscheidungen durch entsprechende Informationen
- Kontrolle der Realisation der Organisationsentscheidungen
- Einsatz von externen Organisatoren
- Einsatz unternehmenseigener Organisationsfachkräfte.

Nur unter Einbeziehung aller dieser Fakten kann eine aussagefähige Beurteilung vorgenommen werden. Zugleich können anhand dieser Fakten mögliche organisatorische Schwachstellen mittelständischer Unternehmen erkannt werden.

3371 Entstehung und Veränderung der Organisationsstruktur

Zunächst ist festzustellen, daß die Tradition als Bestimmungsfaktor für die Organisationsstruktur mittelständischer Unternehmen nicht die Bedeutung besitzt, die ihr allgemein zugemessen wird. Zwar weisen mehr als die Hälfte der befragten mittelständischen Unternehmen (51,2 %) der Tradition als einen die Organisation bestimmenden Faktor ein mittleres bis sehr hohes Gewicht zu, der Mittelwert liegt aber nur bei 2,6 (2 geringes Gewicht, 3 mittleres Gewicht). Für 48,8 % der Unterenhmen hat die Tradition keine bzw. eine geringe Bedeutung. Der Mittelwert von 2,6 ist wohl u.a. darauf zurückzuführen, daß 46,8 % der Unternehmen ein Alter von mehr als 59 Jahre aufweisen (siehe Punkt 3311). Der Einfluß der Tradition wird aber weitgehend relativiert im Hinblick auf die Gewichtung der weiteren, die Organisation bestimmenden Faktoren.

Die weitaus wichtigsten Bestimmungsfaktoren sind die Umwelt (Wettbewerb, Marktbedingungen usw.) mit einem Mittelwert von 3,7, erfolgreiche Unternehmen mit einem Mittelwert von 3,8 und die Unternehmensstrategie mit einem solchen 4,0. Diese Mittelwerte liegen sehr eng beieinander, d. h., sie weisen eine mittleres bis sehr hohes Gewicht auf, so daß sie als nahezu gleichwertig angesehen werden können. Bemerkenswert ist in diesem Zusammenhang, daß über 90 % der Unternehmen die Unternehmensstrategie mit einem mittleren bis sehr hohem Gewicht bewerten, d.h., auf wirtschaftliche Veränderungen aktiv und nicht nur passiv reagieren.

Bei den sonstigen Bestimmungsfaktoren werden am häufigsten die Effizienz der Struktur (ausgedrückt mit den Hinweisen auf Wirtschaftlichkeit, Produktivität, Qualität) und der personale Aspekt (Hinweise auf Motivation und Zufriedenheit der Mitarbeiter, Führung) aufgeführt. Weiterhin werden ergänzend zum Faktor Umwelt Kundenorientierung und Flexibilität genannt.

Abb. 28: Bestimmungsfaktoren der bestehenden Organisationsstruktur

Gewicht der Be-stimmungsfaktoren	Anzahl der Unternehmen		Mittelwert
	absolut	relativ	
Tradition:			
- kein Gewicht	42	21,2 %	
- geringes Gewicht	55	27,6 %	2,6
- mittleres bis sehr hohes Gewicht	102	51,2 %	
Umwelt (Wettbe-werb, Marktbedin-gungen):			
- kein Gewicht	7	3,5 %	
- geringes Gewioht	30	15,1 %	3,7
- mittleres bis sehr hohes Gewicht	162	81,4 %	
erfolgreiche Unter-nehmen:			
- kein Gewicht	16	8,1 %	
- geringes Gewicht	19	9,5 %	3,8
- mittleres bis sehr hohes Gewicht	164	82,4 %	
Unternehmensstra-tegie:			
- kein Gewicht	10	5,0 %	
- geringes Gewicht	8	4,0 %	4,0
- mittleres bis sehr hohes Gewicht	181	91,o %	
sonstige Faktoren:			
- kein Gewicht	2	6,9 %	
- geringes Gewicht	2	6,9 %	4,3
- mittleres bis sehr hohes Gewicht	25	86,2 %	

Basis: 145 Industrieunternehmen   26 sonstige Unternehmen
28 Handelsunternehmen

Gewichte: 1 = kein Gewicht, 2 = geringes Gewicht, 3 = mittleres Gewicht, 4 = hohes Gewicht, 5 = sehr hohes Gewicht

Diese Gewichtung der vorstehenden Bestimmungsfaktoren findet ihren Niederschlag in der Veränderung der Organisationsstruktur der mittelständischen Unternehmen im Zeitablauf.

Abb. 29: Änderung der Organisationsstruktur im Zeitablauf

Änderung der Organisationsstruktur im Zeitablauf	Anzahl der Unternehmen, gegliedert nach Beschäftigtenzahlen										
	50 - 99		100 - 199		200 - 299		300 - 399		400 - 499		Gesamt	
	abs.	%	abs.	%	abs.	%	abs.	%	abs.	%	abs.	%
überhaupt nicht	11	13,1	1	1,6	-	-	1	6,3	3	21,4	16	8,0
vor mehr als 5 Jahr.	15	17,9	5	8,1	4	17,4	2	12,5	1	7,2	27	13,6
vor mehr als 2 Jahr.	19	22,6	15	24,2	3	13,0	4	25,0	2	14,3	43	21,6
vor 2 Jahr.	11	13,1	10	16,1	2	8,7	2	12,5	3	21,4	28	14,1
im letzten Jahr	28	33,3	31	50,0	14	60,9	7	43,7	5	35,7	85	42,7
Gesamt	84	100	62	100	23	100	16	100	14	100	199	100

Basis: 145 Industrieunternehmen
28 Handelsunternehmen
26 sonstige Unternehmen

Eine Veränderung der Organisationsstruktur erfolgte bei 56,8 % der mittelständischen Unternehemen in den letzten zwei Jahren , insbesondere im letzen Jahr unabhängig von der Unternehmensgröße (42,7 % aller Unternehmen). Dies steht in Übereinstimmung mit den Aussagen bezüglich der die augenblickliche Organisationsstruktur bestimmenden Faktoren. Daß 21,6 % der Unternehmen (43) überhaupt nicht bzw. vor mehr als fünf Jahren ihre Organisationsstruktur verändert haben, bezieht sich insbesondere auf die Größenklasse 50 - 99 Mitarbeiter. Der Grund ist darin zu sehen, daß das organisatorische Regelsystem dieser Unternehmen im Gegensatz zu den größeren im hohen Maße durch dispositive und improvisatorische Regelungen gekennzeichnet ist und damit der organisatorische Änderungsbedarf geringer ist.

Gerade die Veränderungen der Umwelt (Wettbewerb, Marktbedingungen) der letzten Jahre haben die mittelständischen Unternehmen gezwungen, auf diese mit veränderten Strategien zu reagieren und diese in der Organisationsstruktur zu berücksichtigen. Dieser Sachverhalt findet seine Bestätigung in dem Ergebnis der Analyse der Gründe, die für die Änderung der Organisationsstruktur angeben werden.

Abb. 30: Gründe der Organisationsänderungen

Gründe der Organisations- änderung	Anzahl der Gründe		Anzahl der Unternehmen	
	absolut	%	absolut	%
Wachstum der Unterneh- mung	96	20,7	96	52,5
Anpassung an die ver- änderte Umwelt	95	20,5	95	51,9
veränderte Unternehmens- strategie	75	16,2	75	41,0
Ineffizienz der bestehenden Organisationsstruktur	66	14,2	66	36,1
Einsatz neuer I- und K- Techniken	64	13,8	64	35,0
neue Organisations- konzepte	55	11,9	55	30,1
sonstige	13	2,8	13	7,1
Summe	464	100	—	—

Mehrfachnennungen möglich
Basis: 135 Industrieunternehmen
24 Handelsunternehmen
24 sonstige Unternehmen

Die Struktur der für die Organisationsänderungen genannten Gründe, einerseits das
Wachstum des Unternehmens, die Anpassung an die veränderte Umwelt, veränderte
Unternehmensstrategie, Ineffizienz der Organisationsstruktur (insgesamt mit einem
Anteil von 71,6 %) und andererseits der Einsatz neuer Informations- und Kommunikationstechniken sowie neuer Organisationskonzeptionen z.B. Lean - Organisation, Geschäftsprozeßorganisation, fraktale Organisation (insgesamt mit einem
Anteil von 25,7 %) läßt den Schluß zu, daß die Veränderung der Organisationsstruktur
eher als das Ergebnis eines Anpassungsprozesses (Reaktion) als das eines eigen-
ständigen Gestaltungsprozesses (Aktion) anzusehen ist. D.h., die mittelständischen
Unternehmen verändern ihre Organisationsstruktur dann, wenn sie dazu aufgrund eines
abnehmenden Erfolges gezwungen werden, nicht aber im Hinblick auf die Realisierung
eines zusätzlichen Erfolgspotentials (Letzteres bedingt z.T. gravierende organisatorische Veränderungen).
Diese Feststellungen scheinen den Ergebnissen der Befragung im Hinblick auf die in
der Organisationsstruktur zu berücksichtigen Aspekte zu widersprechen.

Abb. 31: In der Organisationsstruktur zu berücksichtigende Aspekte

Aspekte	Anzahl der Nennungen					
	unverzichtbar bis sehr wichtig		weniger wichtig		spielt kaum eine Rolle	
	absolut	%	absolut	%	absolut	%
Teambildung	173	86,9	18	9,1	8	4,0
Kundenorientierung	170	85,4	12	6,1	17	8,5
flache Organisation	170	85,4	17	8,5	12	6,1
Geschäftsprozeß-orietierung	155	77,9	28	14,1	16	8,0
weitgehende Selbst-kontrolle der Mitar.	155	77,9	27	13,6	17	8,5
Reduzierung der weitgehenden funktionalen Spezialisierung und Arbeitsteilung	142	71,4	38	19,1	19	9,5

Basis: 145 Industrieunternehmen
      28 Handelsunternehmen
      26 sonstige Unternehmen

Dieser Widerspruch löst sich aber dann auf, wenn der häufig in Befragungen feststellbare Tatbestand berücksichtigt wird, daß zwischen verbalem und tatsächlichem Handeln oftmals große Unterschiede erkennbar werden. D.h. in Bezug auf den vorstehenden Sachverhalt, daß nur dann gravierende (grundlegende) organisatorische Veränderungen vorgenommen werden, wenn die Unternehmen dazu gezwungen werden.

Zusammenfassung

Aufgrund der vorstehenden Befragungsergebnisse zur Entstehung und Veränderung der Organisationsstruktur mittelständischer Unternehmen läßt sich zusammenfassend folgendes feststellen:
• Der bestimmende Faktor der bestehenden Organisationsstruktur ist nicht die Tra-

dition der Unternehmen, sondern Umwelt (Wettbewerb, Marktbedingungen), Unternehmensstrategie und erfolgreiche Unternehmen üben einen großen Einfluß auf die Organisationsgestaltung aus.

- Den Veränderungen dieser Bestimmungsfaktoren tragen die mittelständischen Unternehmen durch laufende Veränderungen der Organisationsstruktur im Zeitablauf Rechnung.
- Im Rahmen der organisatorischen Veränderungen wird u. a. zwar den Aspekten Teambildung , Kundenorientierung, flache Struktur ein hohes Gewicht beigemessen, sie werden aber nicht als Anlaß für organisatorische Änderungen und damit als zusätzliche Erfolgspotentiale gesehen, da sie grundsätzliche Veränderungen mit weitreichenden Folgen in Bezug auf hierarchische Aspekte bedingen.

3372 Organisationsentscheidungen

Die Bedeutung, die den Organisastionsentscheidungen und damit der Organisationsgestaltung in mittelständischen Unternehmen beigemessen wird, wird anhand der Indikatoren Entscheidungsträger, Nutzung von Informationsquellen, Inanspruchnahmen externer Dienstleister (Unternehmensberater) und Kontrolle der Realisierung der Organisationsentscheidungen erfaßt.

Entscheidungsträger

Die im Punkte 334 im Hinblick auf die Verteilung von Entscheidungsaufgaben gemachte Feststellung, mittelständische Unternehmen weisen einen hohen Grad der Entscheidungszentralisation in der Unternehmensleitung auf, bedarf im Hinblick auf Organisationsentscheidungen einer Modifizierung.

Abb. 32: Entscheidungsträger von Organisationsentscheidungen

Entscheidungsträger	Anzahl der Nennungen			
	Aufbauorganisation		Ablauforganisation	
	absolut	%	absolut	%
Unternehmensleitung	181	62,2	121	30,3
Abteilungsleiter	54	18,6	177	44,4
Organisationsabteilung	9	3,1	22	5,5
Organisationsfachmann	9	3,1	11	2,8
Arbeitskreis	38	13,0	68	17,0
Gesamt	291	100	399	1oo

Mehrfachnennungen möglich
Basis: 145 Industrieunternehmen
28 Handelsunternehmen
26 sonstige Unternehmen

Die Entscheidungszentralisation ist besonders stark bei Entscheidungen in Bezug auf die Aufbauorganisation (Gebildestruktur) ausgeprägt. Bei 62,.2 % der benannten Entscheidungsträger handelt es sich um die Unternehmensleitung, oder auf die Anzahl der in die Untersuchung einbezogenen Unternehmen um 91,2 % . In viel geringerem Umgang werden andere Mitarbeiter / Aktionseinheiten benannt wie Abteilungsleiter (18,6 % der Nennungen bzw. 27,1 % der Unternehmen) und Arbeitskreise (13 % der Nennungen bzw. 19,1 % der Unternehmen). Davon abweichend ist bei Entscheidungen bezüglich der Ablauforganisation (Prozeßstruktur) ein geringerer Zentralisationsgrad ferststellbar (siehe Werte der vorstehenden Tabelle), wenn auch noch in mehr als der Hälfte der Unternehmen (60,8 %) ebenfalls die Unternehmensleitungen Entscheidungen treffen.
Diese Unterschiede in der Entscheidungszentralisation sind dadurch erklärbar, daß Entscheidungen in Bezug auf die Aufbauorganisation die Regelungen der Aufgaben-, Kompeteznz- und Verantwortungsbereiche (personelle Beziehungen) betreffen, und damit die Stellung des Inhabers/ der Geschäftsführung häufig unmittelbar tangieren.

Im Hinblick auf die Zentralisation stellt sich zwangsläufig die Frage, wie die Organisationsentscheidungen durch die Nutzung entsprechender Informationen abgesichert werden.

Abb. 33: Nutzung von Informationsquellen für Organisationsentscheidungen

Informationsquellen	Anzahl der Nennungen		Grad der Nutzung
	absolut	%	
Erfahrungsaustausch mit anderen Unternehmen	135	20,3	2,63
Veröffentlichungen in Fachzeitschriften	122	18,4	2,84
Kongresse/ Seminare/ Messen	116	17,5	2,58
Verbandsmitteilungen/Kammerberichte	110	16,6	3,05
Broschüren der Anbieter von Organisationsmitteln/Software/ Hardware	82	12,3	3,50
Wirtschaftsteil der Tageszeitungen	80	12,0	3,43
Sonstige	19	2,9	2,54
—	664	—	Ø 2,93

Mehrfachnennungen möglich
Basis: 116 Industrieunternehmen   Nutzungsgrad: 1 = sehr häufig ; 2 = häufig
     24 Handelsunternehmen   3 = gelegentlich; 4 = selten
     26 sonstige Unternehmen   5 = nie

Zunächst ist festzustellen, daß zwei befragte Unternehmen bei der Frage nach der Nutzung von Informationen für Organisationsentscheidungen keine Angabe machten und 31 (15,6 %) der Unternehmen diese Frage mit nein beantworteten. Die übrigen Unternehmen basieren ihre Entscheidungen auf einer vorhergehenden Informationsbeschaffung, aber die in Frage kommenden Informationsquellen werden nur gelegentlich genutzt (durchschnittlicher Nutzungsgrad 2,93). Nur 9,4 % der Unternehmen (19) nutzen laut Angaben bei den sonstigen Informationsquellen interne

Informationen, diese dann aber sehr häufig bis häufig. Weiterhin werden als sonstige Informationsquellen externe Berater genannt (17 Unternehmen).

Die Nutzung externer Dienstleister im Hinblick auf die Wahrnehmung der Organisationsaufgabe ist im Vergleich zu den übrigen Aufgabenkomplexen als gering anzusehen, wie die Werte der Abb. 34 zeigen. Nur 8,5 % (17) der befragten mittelständischen Unternehmen bedienen sich der Dienste von Organisationsberatern. Dieser geringe Prozentsatz gewinnt noch an Gewicht, wenn die Anzahl der eingerichteten Organisationsabteilungen in die Betrachtung einbezogen wird. 70,4 % weisen zwar eine DV/ Organisationsabteilung auf, dieser relativ hohe Prozentsatz ist aber zu relativieren, da in diesen Abteilungen vorrangig DV - Aufgaben und nicht Organisationsaufgaben wahrgenommen werden. Dieser Sachverhalt wird durch eine Vielzahl von durchgeführten Reorganisationsuntersuchungen bestätigt.

Abb. 34: Durch Dienstleister erbrachte betriebliche Aufgaben

betriebliche Aufgaben	Anzahl der Unternehmen,die Dienstleister einsetzen	
	absolut	%
Steuern	122	61,3
Werbung	108	54,3
Marktforschung	62	31,2
Datenverarbeitung	45	22,6
Personalbeschaffung	29	14,6
Forschung und Entwicklung	18	12,1
Organisation	17	8,5
Sonstige	12	6,0

Mehrfachnennungen möglich
Basis: 145 Industrieunternehmen
      28 Handelsunternehmen
      26 sonstige Unternehmen

Eine erfolgreiche Wahrnehmung der Organisationsaufgaben bedarf nicht nur einer guten Entscheidungsfindung, sondern auch der Kontrolle des Handlungsvollzuges in der Absicht, ggf. rechtzeitig Korrekturentscheidungen treffen zu können.

Hinsichtlich der Kontrolle der Realisierung der Organisationsentscheidungen ergab die Befragung, daß 177 Unternehmen (88,9 %) eine solche vornehmen, während 18 Unternehmen (9,1 %) auf sie verzichten und 4 Unternehmen (2,0 %) diese Frage

unbeantwortet lassen. Unterschiede zwischen den drei gebildeten Unternehmensgruppen sind nicht feststellbar.
Die Träger der Kontrollfunktion sind in der folgenden Tabelle zusammengefaßt
worden.

Abb. 35: Träger der Kontrollfunktion

Träger der Kontrollfunktion	Anzahl der Nennungen		relativer Anteil der Unternehmen %
	absolut	%	
Unternehmensleitung	132	58,1	77,6
Abteilungsleiter	53	23,3	31,2
Controller	9	4,0	5,3
Revision	9	3,5	4,7
Organisationsabteilung	8	3,5	4,7
Sonstige	17	7,5	10,0
Gesamt	227	100	—

Mehrfachnennungen möglich
Basis: 170 Unternehmen

Die Unternehmensleitung nimmt allein oder mit leitenden Mitarbeitern in 77,6 % der
Unternehmen die Kontrollfunktion wahr, d.h., die Kontrollen werden durch die Entscheidungsträger wahrgenommen. Nur in wenigen Fällen wird diese Aufgabe Abteilungen wie Revision, Controlling und Organisation übertragen. Dies ist dadurch
bedingt, daß nur im geringen Umfang in mittelständischen Unternehmen entsprechende
Abteilungen eingerichtet werden (vgl. die Ausführungen zum Punkte 333).

Zusammenfassung

Der Organisationsaufgabe wird in den mittelständischen Unternehmen ein hohes Gewicht beigemessen. Diese Feststellung findet ihre Bestätigung dadurch, daß
Organisationsentscheidungen vorrangig von der Unternehmensleitung selbst (Aufbauorganisation) bzw. unter Beteiligung der Abteilungsleiter (Ablauforganisation) getroffen werden. Weiterhin wird die Realisierung der Entscheidungen weitgehend von
den Entscheidungsträgern selbst kontrolliert (88,9 % der Unternehmen). Lediglich die

Fundierung der Entscheidungen durch die Nutzung entsprechender Informationsquellen ist als verbesserungsbedürftig zu bezeichnen. Diese Feststellungen sind
unabhängig von der Größe der Unternehmen sowie den drei gebildeten
Unternehmensgruppen, d.h. für alle mittelständischen Unternehmen zutreffend. Damit
findet die These, in mittelständischen Unternehmen wird der Organisationsaufgabe nur
eine geringe Bedeutung beigemessen, keine Bestätigung.

3373 Organisationsstruktur als Erfolgsfaktor

Ein weiterer Indikator für die Beurteilung der Gewichtung der Organisationsaufgabe /
Organisationsgestaltung in mittelständischen Unternehmen ist die Beantwortung der
Frage, ob die Organisationsstruktur als ein wesentlicher Erfolgsfaktor anzusehen ist.

Abb. 36: Bewertung der Organisationsstruktur als wesentlicher Erfolgsfaktor

Organisationsstruktur ein wesentlicher Erfolgsfaktor	Anzahl der Untertnehmen	
	absolut	%
kein wesentlicher Erfolgsfaktor	19	9,5
Aufbauorganisation wesentlicher Erfolgsfaktor	4	2,0
Ablauforganisation wesentlicher Erfolgsfaktor	65	32,7
Aufbau- und Ablauforganisation gleichgewichtig	111	55,8
Gesamt	199	100

Basis: 145 Industrieunternehmen
      28 Handelsunternehmen
      26 sonstige Unternehmen

Für nur 19 Unternehmen (9,5 %) ist die die Organisationsstruktur kein wesentlicher
Erfolgsfaktor. Die Mehrheit der befragten Unternehmen (180, gleich 90,5 %)
hingegen sieht in der Organisationsstruktur einen wesentlichen Erfolgsfaktor, wobei
mehrheitlich (111 Unternehmen, gleich 55,8 %) die Aufbau- und Ablauforganisation
eine Gleichgewichtung erfahren, der Ablauforganisation aber auch in 65 Unternehmen

(32,7 %) das Primat zugewiesen wird. Diese Aussage ist zu modifizieren im Hinblick auf die drei gebildeten Unternehmensgruppen. In den Handelsunternehmen wird der Ablauforganisation mehrheitlich (57,18 %) das Primat zugewiesen. Nur 4 Unternehmen (2 %) halten die Aufbauorganisation für die gewichtigere Komponente. Damit kann festgestellt werden, daß der Prozeßorganisation in den mittelständischen Unternehmen noch nicht die Bedeutung zugemessen wird, wie es in den modernen Organisationskonzeptionen (vgl. die Ausführungen zum Punkt 5) geschieht (Primat der Prozeßorganisation gegenüber der Gebildestruktur). Diese Feststellung stimmt mit den Ergebnissen der Befragung im Hinblick auf die Abteilungsstruktur der mittelständischen Unternehmen (funktionale Organisationsstruktur, siehe Ausführungen zum Punkte 333) überein.

3374 Organisatorische Defizite

Die Frage nach vorhandenen organisatorischen Schwachstellen ist in zweierlei Hinsicht von Bedeutung. Zunächst läßt sich aus dem Ergebnis der Beantwortung der entsprechenden Fragestellung auf das Problembewußtsein mittelständischer Unternehmen im Hinblick auf die Organisationsgestaltung schließen, zum anderen lassen die angegebenen organisatorischen Schwachstellen eine Antwort darauf zu, welche Schwerpunkte in der Reorganisation der bestehenden Organisationsstrukturen gesetzt werden müssen. Damit ist die Beantwortung obiger Frage eng mit der Fragestellung verbunden: Stellen die modernen Organisationskonzeptionen entsprechende Problemlösungen dar ?

Abb. 37: Vorhandene organisatorische Schwachstellen

Organisatorische Schwachstellen	Anzahl der Nennungen		
	absolut	% 1)	% 2)
keine Angabe	1	0,5	—
keine vorhanden	54	27,1	—
vorhanden	144	72,4	—
davon bekannt	139	69,8	—
nur in der Aufbauorganisation	9	—	6,5
nur in der Ablauforganisation	48	—	34,5
in der Aufbau- und Ablauforg.	79	—	56,8
keine Angabe	3	—	2,2
Gesamt	—	—	100

1) Basis : 199 Unternehmen
2) Basis : 139 Unternehmen

54 Unternehmen (27,1 %) gaben an, daß in ihrem Unternehmen keine organisatorischen Schwachstellen vorhanden sind, 144 Unternehmen (72,4 %) bestätigen das Vorhandensein solcher, wobei 139 Unternehmen (69,8 %) diese bekannt sind. Bei mehr
als der Hälfte dieser (79 gleich 56,8 %) liegen sie sowohl in der Aufbau- als auch in
der Ablauforganisation, während bei 48 Unternehmen (34,5 %) diese in der Ablauforganisation und lediglich bei 9 Unternehmen (6,5 %) diese nur in der Aufbauorganisation anzutreffen sind. Von den 139 Unternehmen, denen die organisatorischen
Schwachstellen bekannt sind, haben 106 (76,3 %) diese im einzelnen benannt.

Abb. 38: Inhaltliche Verdichtung der benannten organisatorischen Schwachstellen

Organisatorische Schwachstellen	Anzahl der Nennungen	
	absolut	%
Aufbauorganisation:		
- Kompetenzüberschneidungen	38	20,0
-Aufgabenüberschneidungen	31	16,3
- zeitaufwendige Entscheidungsfindung	13	6,8
- unzureichende Kommunikation und Information	18	9,5
Ablauforganisation:		
- zu lange Durchlaufzeiten	32	16,8
- fehlerhafte Abläufe	6	3,2
- Medienbrüche	8	4,2
Allgemeine:		
- mangelnde Flexibilität	26	13,7
- personelle Probleme	18	9,5
Gesamt	190	100

Basis: 106 Unternehmen

Als Schwerpunkte der organisatorischen Schwachstellen in der Aufbauorganisation werden Kompetenzüberschneidungen (20 % der gesamten Schwachstellen bzw. 38 % der der Aufbauorganisation) und Aufgabenüberschneidungen (16,3 % der gesamten Schwachstellen bzw. 31 % der der Aufbauorganisation) benannt. Zeitaufwendige Entscheidungsfindung und unzureichende Kommunikation und Information folgen in der Häufigkeit. Letztere sind z.T. eine Folge der Aufgaben - und Kompetenzüberschneidungen.

Die Ablauforganisation ist insbesondere durch zu lange Durchlaufzeiten gekennzeichnet (16,8 % der gesamten Schwachstellen bzw. 69,9 % der der Ablauforganisation). Die zu hohen Durchlaufzeiten sind begründet u.a. durch Medienbrüche und Fehlerhaftigkeit der Abläufe.

Vorstehende Schwachstellen der Aufbau- und Ablauforganisation führen zu einer mangelnden Flexibilität der gesamten Organisationsstruktur (13,7 % der gesamten benannten Schwachstellen). Weiterhin wird 18 mal auf personale Probleme hingewiesen, die sich in mangelnder Eigenverantwortung, in geringer Motivation und fehlendem ganzheitlichem Denken (Ressortdenken) niederschlagen.

Zusammenfassend kann festgestellt werden, daß die mittelständischen Unternehmen sich durchaus ihrer organisatorischen Schwachstellen bewußt sind. Dieses Problembewußtsein hat aber nur in einem geringen Umfang zu Organisationsänderungen in den Unternehmen geführt (vgl. die Ausführungen zum Punkt 3371, Abb. 30, Gründe der Organisationsänderungen, Ineffizienz bestehender Organisationsstrukturen).

Ein weiteres organisatorisches Defizit kann in einem niedrigen Einsatz moderner I- und K - Techniken gesehen werden. Die Auswertung der entsprechenden Fragestellung führt zu folgendem Ergebnis.

Abb. 39: Einsatz moderner I - und K - Techniken

Betriebliche Aufgabenbereiche	Anzahl der Nennungen				
	überhaupt nicht / kaum		gelegentlich bis laufend		Ø Einsatzgrad
	absolut	%	absolut	%	
Finanzbuchhaltung	12	6,1	186	93.9	4,58
Bertriebsbuchhaltung	29	14,6	169	85,4	4,20
Lohn- u. Gehaltsabre.	16	8,1	182	91,9	4,50
Fakturierung	26	13,1	172	86,9	4,23
Statistik	33	16,7	165	83,3	3,87
Produktionssteuerung	45	31,3	99	68,7	3,35
Logistik	76	38,4	122	61,6	3,04
Sonstige	2	5,6	34	94,4	4,42

Basis: 144 Industrieunternehmen   Einsatzgrad: 1 = überhaupt nicht   2 = kaum
       28 Handelsbetriebe   3 = gelegentlich   4 = häufig
       26 sonstige Unternehmen   5 = laufend

Die vorstehenden Ergebnisse zeigen, daß ein hoher Nutzungsgrad der modernen I -
und K - Techniken in den klassischen Einsatzbereichen der DV - Finanzbuchhaltung,
Betriebsbuchhaltung, Fakturierung, Statistik - mit einem Einsatzgrad zwischen häufig
und laufend gegeben ist. In den Bereichen Logistik (Material-, Warenwirtschaft) und
Produktionssteuerung ist nur ein gelegentlicher Einsatz feststellbar. Unter den
sonstigen Einsatzgebieten wird nach den Angaben von 36 Unternehmen mit 11
Nennungen der Marketingbereich am häufigsten aufgeführt. Auftragsbearbeitung und
Controlling werden bis zu dreimal genannt.
Aufgrund der vorstehenden Auswertung ist die Schlußfolgerung zulässig, daß der
Durchdringungsgrad moderner I - und K - Techniken in den klassischen Einsatz-
gebieten der DV als hoch zu betrachten, hingegen   in den Aufgabenbereichen
Marketing, Unternehmensplanuung, Controlling und Auftragsbearbeitung als gering
anzusehen ist. Dieser Sachverhalt findet seinen Niederschlag in der Organisa-
tionsstruktur der mittelständischen Unternehmen, wird doch dem Einsatz der modernen
I - und K - Techniken im Rahmen der Organisationsgestaltung ein hohes Gewicht
beigemessen.

Aufgrund der feststellbaren organisatorischen Defizite, insbesondere der der Prozeßstruktur, können im Hinblick auf die Ausprägungen der Strukturdimensionen der Prozeßstruktur folgende Aussagen getroffen werden:

arbeitstechnische Spezialisierung:
Es wird eine weitgehende Arbeitsteilung mit einhergehender funktionaler Spezialisierung praktiziert; dies schlägt sich in hohen Durchlaufzeiten infolge der durch die Arbeitsteilung bedingten Transport - und Liegezeiten nieder (Schwachstellen: zu lange Durchlaufzeiten, Aufgabenüberschneidungen, zeitaufwendige Entscheidungsfindung als Folge der Entscheidungszentralisation)

Gestaltung des Arbeitsplatzes:
Einsatz konventioneller Arbeitsmittel - und Arbeitsunterlagen (Schwachstelle: unzureichende Information und Kommunikation), Einsatz monofunktionaler Arbeitsmittel (Schwachstelle: Medienbrüche)

Zeit:
abfolgegebundene Abstimmung der Verrichtungen / Tätigkeiten eines Aufgabenerfüllungsprozesses (Schwachstelle: zu lange Durchlaufzeiten).

34 Charakterisierung der Organisationsstruktur mittelständischer Unternehmen aufgrund der empirischen Befunde

Die Analyse der Organisationsstrukturen mittelständischer Unternehmen zeigt, wie in den Punkten 331 bis 337 dargelegt wurde, einerseits typische Ausprägungen der Strukturdimensionen der Gebilde - und Prozeßstruktur, andererseits eine mehr oder weniger ausgeprägte Vielfalt und Heterogenität. Eine klar abgrenzbare und eindeutig definierbare, in der Realität bestehende Organisationsstruktur mittelständischer Unternehmen existiert nicht. Die Organisationsstruktur ist situativ von endogenen und exogenen Faktoren, die in der Organisationsgestaltung Berücksichtigung finden, und deren Gewichtung abhängig, z.B. Unternehmensgröße, Branche, Unternehmensphilosophie. Da einerseits eine grob verallgemeinernde Betrachtung der Aufgabenstellung " Organisationsgestaltung mittelständischer Unternehmen unter Berücksichtigung moderner Organisationskonzeptionen " nicht gerecht wird und zu vereinfachten Gestaltungshinweisen führt, andererseits bei einer Berücksichtigung der individuellen Vielfalt der Realität die wesentlichen charakteristischen Ausprägungen der Strukturdimensionen mittelständischer Unternehmen u.U. unerkannt bleiben und nur unscharf und wenig prägnant erscheinen, wird im folgenden ein modifiziertes Verfahren gewählt. Zunächst werden die Grundzüge der Organisationsstruktur mittelständischer Unternehmen aufgrund der Ergebnisse der empirischen Untersuchung dargelegt. In einem zweiten Schritt wird mittels multivariabler Verfahren versucht, die in der Untersuchung erfaßten Unternehmen in homogene Gruppen einzuteilen und für diese die im ersten Schritt dargelegte Organisationsstruktur zu modifizieren.

Die befragten mittelständischen Unternehmen wurden unter Anwendung der Clusteranalyse zu Gruppen dergestalt zusammengefaßt, daß sie einerseits hinsichtlich der der Analyse zugrundeliegenden Fakten möglichst homogen sind und sich andererseits möglichst deutlich voneinander unterscheiden.

Grundlagen der Typenbildung sind die Fragen zu den Aspekten der Organisationsgestaltung (siehe Fragebogen, Frage 4.4) und zur Bewertung der Organisationsstruktur als wesentlichen Erfolgsfaktor (siehe Fragebogen, Frage 4.5), die der schriftlichen Befragung zugrunde lagen. In der Clusteranalyse wurden somit Variablen berücksichtigt, die anhand der vorgegebenen Fünferskalen zu beantworten waren bzw. einer solchen Skalierung zugänglich sind.

Die Auswertung der Daten mittels der Clusteranalyse mit dem Ziel einer Typologisierung verlangt eine Entscheidung über die Anzahl der zu bildenden Gruppen (Cluster). Im Rahmen der Untersuchung ergaben sich als aussagefähige und tragfähige Lösung drei Gruppen. Eine weitergehende Differenzireung in vier oder mehr Gruppen bringt nur geringe Verbesserungen in der Homogenität der Gruppen, verringert aber die Prägnanz der Unterschiede zwischen den Gruppen und reduziert die Aussagefähigkeit hinsichtlich der Erklärung der Organisationsstrukturen mittelständischer Unternehmen.

Abb. 40: Cluster mittelständischer Unternehmen

Cluster	Anzahl der Unternehmen	Clusterzentren	
		Gewicht der Aspekte moderner Org.-Konzeption.	Gewicht der Org.Struktur als wesentl. Erfolgsfaktor
1	19	2,7716	1
2	41	3,5293	4,3415
3	138	2,1571	4,3o6

Anmerkungen:
Skalierung: Aspekte: 1 = unverzichtbar , 2 = sehr wichtig , 3 = wichtig,
4 = weniger wichtig , 5 = spielt keine Rolle
Org. Struktur: 1 = kein Erfolgsfaktor, 2 = Erfolgsfaktor, 3 = Primat der Gebildestruktur, 4 = Gebilde- und Prozeßstruktur gleichgewichtig, 5 = Primat der Prozeßstruktur

341 Gebildestruktur (Aufbauorganisation)

Wie bereits vorstehend begründet wurde, wird die Gebildestruktur (Aufbauorganisation) der mittelständischen Unternehmen in einem ersten Schritt in ihren Grundzügen dargelegt.

Grundzüge der Gebildestruktur
Die Grundzüge der Gebildestruktur können anhand der in der Untersuchung festgestellten Ausprägungen der Strukturdimensionen sachliche Spezialisierung, formale Spezialisierung, Koordination und Konfiguration im einzelnen dargelegt und anschließend in einer Strukturformel zusammengefaßt werden.

Strukturdimension: sachliche Spezialisierung

Sowohl die Auswertung der beantworteten Fragen im Hinblick auf die in den Unternehmen gebildeten Abteilungen nach Art und Anzahl als auch der zur Verfügung gestellten Organigramme weist auf eine funktionsorientierte Abteilungsbildung hin. Als Funktionen werden vorrangig die Kernfunktionen eines Unternehmens - Beschaffung, Fertigung, Marketing - und die Zusatzfunktionen Rechnungswesen im umfassenden Sinn und DV gewählt. Eine Objektorientierung auf der zweiten hierarchischen Ebene in Form der Spartenorganisation (divisionale Organisation) findet nicht statt. Auf der zweiten und den folgenden Ebenen sind bei größeren mittelständischen Unternehmen, z.B. im Fertigungsbereich, Vertriebsbereich, z.T. Abteilungsbildungen unter der zusätzlichen Verwendung des Objektaspektes (Kundengruppen, Produktgruppen) feststellbar. Die Grundstruktur ist aber weiterhin als funktionsorientiert anzusehen. Die Objektorientierung in Form der Matrixorganisation konnte nur in wenigen Unternehmen festgestellt werden.
Die vorstehenden Feststellungen finden ihre Bestättigung in den ermittelten quantitativen Größen durchschnittliche Anzahl der eingerichteten Abteilungen von 4,9 (siehe Abb. 22) und der Anzahl der Abteilungsleiter in Höhe von 5,2 (siehe Abb. 20).
Für die Strukturdimension sachliche Spezialisierung ergibt sich:

$$\text{sachliche Spezialisierung} = S_f \, (\text{funktionale Spezialisierung})$$

Strukturdimension: formale Spezialisierung

Die Auswertung der beantworteten Fragen bezüglich des Anteils der Routineentscheidungen an den gesamten Entscheidungen der Unternehmensleitung, der Beteilgung der Mitarbeiter an der Entscheidungsfindung sowie der Entscheidungsträger betreffend die Gebilde- und Prozeßstruktur (entsprechende Entscheidungen werden in allen Unternehmensbereichen relevant) weisen eindeutig auf eine Tendenz zur Entscheidungszentralisation hin (vgl. die Fragen 4.7, 5.2, 5.3). So sind mehr als 50 %

der von den Unternehmensleitungen getroffenen Entscheidungen Routineentscheidungen und nur bei 13,1 % der befragten Unternehmen liegt der Anteil unter 20%
(siehe Abb. 25). Gleichfalls ist die Beteiligung der Mitarbeiter an der Entscheidungsfindung als gering anzusehen, da nur in 28,6% der befragten Unternehmen die
Mitarbeiter Entscheidungsvorschläge erarbeiten, aber in 67,3 % der Unternehmen im
Rahmen vorgegebener Ziele und Entscheidungsspielräume handeln (siehe Abb. 24).
Diese Feststellungen finden ihre Bestätigung darin, daß in 91,2 % der Unternehmen
die Entscheidungen in Bezug auf die Gebildestruktur und in 60,8 % in Bezug auf die
Ablauforganisation von der Unternehmensleitung getroffen bzw. mitentschieden
werden (vgl, Abb. 32).
Für die Strukturdimension formale Spezialisierung ergibt sich:

$$\text{formale Spezialisierung} = E_z \text{ (Entscheidungszentralisation)}$$

Strukturdimension: Koordination

Die Koordination in mittelständischen Unternehmen ist vorrangig durch die Form der
persönlichen Koordination, Anweisungen durch Vorgesetzte (in 61,8 % der Unternehmen) und Verfahrensanweisungen / Richtlinien (45,7 %) geprägt (vgl. Abb. 26).
Die Selbstkoordination der Mitarbeiter, die einen entsprechenden Entscheidungs-
spielraum der Mitarbeiter bedingt, wird nur in 40,2 % der Unternehmen praktiziert.
Daneben weist die technokratische Koordination mit 43,2 % ein zu beachtendes Gewicht auf. Diese Formen der praktizierten Koordination korrespondieren mit der
vorstehend festgestellten Tendenz zur Entscheidungszentralisation.
Für die Strukturdimension Koordination ergibt sich:

$$\text{Koordination} = K_{p/t} \text{ (personelle / technokratische Koordination)}$$

Strukturdimension: Konfiguration

Die Konfiguration ist aufgrund der Befragungsergebnisse durch das Prinzp der Einheit
der Auftragserteilung (jeder Mitarbeiter erhält nur von einem Vorgesetzten Anwei-
ungen) in Form des Einliniensystems bzw. Stabliniensystems gekennzeichnet (84,6 %
der befragten Unternehmen, vgl. Abb. 21). Der relativ hohe Anteil des Stab-
iniensystems ist darauf zurückzuführen, daß bei großen mittelständischen
Unternehmen die Entscheidungszentralisation eine entsprechende Entlastung der
Entscheidungsträger von entscheidungsvor - und -nachgelagerten Aufgaben erfordert,
zum anderen die Stabsstellen häufig nur Einpersonenstellen sind. Zum anderen weisen
aber 57,8 % der befragten Unternehmen keine Stabsstellen aus. Weiterhin ist die
Gebildestruktur durch eine flache Hierarchie gekennzeichnet. Sie beträgt im Durchschnitt 3,1 Ebenen (vgl. Abb. 20). Dieser flachen Hierarchie entspricht die ermittelte
Leitungsspanne in Höhe von 6,4 unmittelbaren Unterstellungen (vgl. Abb. 19).

Für die Strukturdimension Konfiguration ergibt sich:

$$\text{Konfiguration} = L_{e/st} \,(\,\text{Einlinien - / Stabliniensystem}\,)$$

Aufgrund der vorstehenden Ausführungen läßt sich die Gebildestruktur der mittelständischen Unternehmen in ihren Grundzügen durch folgende Strukturformel abbilden:

$$G_m = \{\, S_f,\, E_z,\, K_{p/t},\, L_{e/st} \,\}$$

Cluster 1: Mittelständische Unternehmen, für die die Organisationsstruktur kein wesentlicher Erfolgsfaktor ist.

Die diesem Cluster angehörenden neunzehn Unternehmen, das sind 9,6 % der in der Untersuchung berücksichtigten 199 Unternehmen, halten die Organisationsstruktur nicht für einen wesentlichen Erfolgsfaktor. Diese Beurteilung findet in der Organisationsstruktur durch folgende Fakten ihre Berücksichtigung.
Änderungen der Organisationsstruktur werden nur in längeren Zeitabständen durchgeführt. 79 % der diesem Cluster angehörenden Unternehmen haben keine bzw. eine solche vor mehr als zwei Jahren durchgeführt und lediglich drei (15,8 %) im letzten Jahr. Diese Verhaltensweise weicht gravierend von dem mittelständischen Organisationsverhalten ab, das durch eine zeitnahe Organisationsgerstaltung gekennzeichnet werden kann (42,7 % der in der Untersuchung berücksichtigten Unternehmen führten Reorganisationen im letzten Jahr durch).
Das organisatorische Problembewußtsein ist relativ schwach ausgeprägt, da 36,8 % der Unternehmen dieses Clusters davon ausgehen, daß in ihrer Organisationsstruktur keine organisatorischen Schwachstellen weder in der Gebilde - noch in der Prozeßstruktur vorhanden sind (Der Durchschnittswert aller Unternehmen beträgt 27,1%).
Bei vorhandenen Schwachstellen können in 25 % der Fälle diese nicht näher gekennzeichnet werden (Im Durchschnitt aller Unternehmen trifft dies nur für 3,5 % zu).
Die für die mittelständischen Unternehmen festgestellte Tendenz zur Entscheidungszentralisation wird in den diesem Cluster zugehörigen Unternehmen noch verstärkt wirksam. So beträgt in 68,4 % der Unternehmen der Anteil der Routineentscheidungen an der Gesamtheit der Entscheidungen der Unternehmensleitung mehr als 50 % (Prozentsatz aller Unternehmen ca. 56 %). Diese Tendenz zur Entscheidungszentralisation wird verstärkt durch den Tatbestand, daß die Beteiligung der Mitarbeiter an Entscheidungen unter dem Durchschnitt aller erfaßten Unternehmen liegt (z.B., Das Management entscheidet, ist aber bemüht, die Mitarbeiter von der Entscheidung zu überzeugen. Wert für die Unternehmen des Clusters 36,8% ; der Durchschnittswert aller Unternehmen beträgt 27,6 % ; oder, Das Management delegiert Aufgaben und Entscheidungen an die Mitarbeiter. Nur die Grundsatzentscheidungen werden vom Management getroffen. Clusterwert 26,3 % , Durchschnitt 36, 3 %).

Die Konfiguration ist vorrangig in der Form des Einliniensystems gestaltet. 73,7 % der Unternehmen besitzen keine Stabsstellen (Durchschnitt aller Unternehmen 57,8 %) und die Anmzahl der Stabsstellen beträgt im Durchschnitt für das Cluster 0,6 gegenüber einem Gesamtdurchschnitt von 1,2.

Die Koordination wird vorrangig im Wege der Anweisungen durch die Vorgesetzten wahrgenommen (Clusterwert 78,9 % gegenüber 61,8 % aller Unternehmen).

Die vorstehend dargelegten Modifizierungen der Grundzüge der Gebildestruktur bedeuten für die dem Cluster 1 angehörenden Unternehmen, daß rd. 10 % der untersuchten Unternehmen eine traditionelle Organisationsstruktur aufweisen. Dies ist einerseits darin begründet, daß die Unternehmen des Clusters zu 68 % (14 Unternehmen) der Betriebsgröße 50 - 99 Beschäftigte angehören, und zum anderen in dem Faktum, daß diese der Tradition als Bestimmungsfaktor der Organisationsstruktur ein durchschnittliches Gewicht von 3,06 zuordnen (3 = mittleres Gewicht, 4 = hohes Gewicht). Das durchschnittliche Gewicht aller in der Untersuchung berücksichtigten Unternehmen beträgt nur 2,6 (2 = geringes Gewicht).

Die Aspekte moderner Organisationskonzeptionen - Reduzierung der weitgehenden Arbeitsteilung und funktionalen Spezialisierung, Teambildung, Geschäftsprozeßorientierung, flache Organisationsstruktur, weitgehende Selbstkontrolle der Mitarbeiter, Kundenorientierung - weisen für dieses Cluster ein Gewicht von 2,77 aus (2 = sehr wichtig, 3 = wichtig) auf. Eine Auswirkung auf die Organisationsgestaltung ist aber nicht feststellbar.

Cluster 2: Mittelständische Unternehmen, für die die Organisationsstruktur einen wesentlichen Erfolgsfaktor darstellt und für die die Aspekte moderner Organisationsonzeptionen in der Organisationsstruktur zu berücksichtigen sind.

Die Unternehmen des Clusters 2 sehen in der Organisationsstruktur einen wesentlichen Erfolgsfaktor. Die Aspekte moderner Organisatinskonzeptionen werden mit einem durchschnittlichen Gesamtgewicht zwischen wichtig (3) und spielt keine Rolle (5) bewertet. Das durchnittliche Gewicht dieser Gruppe weist einen Wert von 3,53 auf (4 = weniger wichtig). Dem Cluster gehören 41 der insgesamt 199 untersuchten Unternehmen an (20,7 %). Von diesen weisen 27 der Aufbau - und Ablauforganisation eine gleich hohe Bedeutung zu, während für 14 Unternehmen der Prozeßstruktur das Primat zukommt. Von letzteren weisen daher auch neun den Aspekten moderner Organisationskozeptionen ein Durchschnittsgewicht von 3 = wichtig zu.

Vorstehende Feststellungen wirken sich auf die Organisationsstruktur wie folgt aus: Die Entscheidungszentralisation erfährt eine Abschwächung. Der Anteil der Routineentscheidungen an der Gesamtheit der Entscheidungen der Unternehmensleitung in Höhe von mehr als 50 % ist noch bei 51,2 % der Unternehmen feststellbar. Die Beteiligung der Abteilungsleiter an Entscheidungen in Bezug auf die Aufbau - und Ablauforganisation erhöht sich. Der Anteil der Koordination in Form der Anweisungen durch Vorgesetzte reduziert sich zugunsten der Selbstkoordination der Mitarbeiter. Das

Problembewußtsein in Bezug auf organisatorische Schwachstellen erhöht sich und als Folge sind diese im größerem Umfange bekannt. Letzteres führt zu zeitnahen Reorganisationsmaßnahmen. 43,9 % der Unternehmen führten solche in dem letzten Jahr durch. Weiterhin verliert die Tradition als Bestimmungsfaktor für die Organisationsgestaltung an Gewicht (durchschnittliches Gewicht 2,56; 2 = geringes Gewicht, 3 = mittleres Gewicht).

Cluster 3: Mittelständische Unternehmen, für die die Organisationsstruktur ein wesentlicher Erfolgsfaktor ist und die die Aspekte moderner Organisationskonzeptionen als sehr wichtig erachten.

Die Unternehmen dieses Clusters, 138 Unternehmen (69,7 % aller in der Untersuchung berücksichtigten Unternehmen), ordnen den Aspekten moderner Organisationskonzeptionen ein Durchschnittsgewicht zwischen 1 (= unverzichtbar) und 2,83 (2 = sehr wichtig, 3 = wichtig) zu. Für den Durchschnitt des Clusters ergibt ein Wert in Höhe von 2,16. 51 Unternehmen (37 %) stellen in den Vordergrund der Organisationsgestaltung die Prozeßstruktur (Primat der Prozeßstruktur). Diese Sichtweise findet ihren Niederschlag in folgenden Ausprägungen der Organisationsstruktur: Die Entscheidungszentralisation wird weiter reduziert, insbesondere im Rahmen der Entscheidungen , die die Prozeßstruktur betreffen. Hier findet in 42 % der Unternehmen eine Entscheidungsfindung durch die Abteilungsleiter statt bzw. unter ihrer Mitwirkung. Auch die Einbindunmg in die Entscheidungen bezüglich der Gebildestruktur erhöht sich auf rd. 20 % . Eine weitere Auswirkung ist darin zu sehen, daß die Koordination durch Anweisungen der Vorgesetzten nur noch in 45,7% der Unternehmen im Vordergrund steht, die Selbstkoordination der Mitarbeiter an Gewicht zunimmt. Weiterhin steigt gegenüber den Unternehmen der beiden anderen Cluster der Anteil der zeitnahen Reorganisation. 46 % der Unternehmen führten im letzten Jahr Reorganisationen durch.
Weitere gravierende Unterschiede in der Organisationsstruktur zum Cluster 2 ,wie es der große Unterschied in der Gewichtung der Aspekte der modernen Organisatinskonzeptionen vermuten läßt (Cluster 2 : durchschnittliches Gewicht 3,53, Cluster 3: durchschnittliches Gewicht 2,16), sind nicht feststellbar. Der Grund ist darin zu sehen, daß zwischen den Erkenntnissen bezüglich der Kriterien einer effizienten Organisationsstruktur und deren Umsetzung ein time - lag besteht, der nicht kurzfristig überwunden werden kann. Dies gilt nicht nur für mittelständische Unternehmen. Wie sich in einer empirischen Untersuchung, die die Organisationsgestaltung von 800 großen europäischen Unternehmen erfaßte, zeigte, ist auch bei diesen dasselbe Phänomen feststellbar. So votierten zwar 74 % der befragten Unternehmen für flexible, teamorientierte Strukturen, aber nur 4 % hatten diese bereits realisiert.[45]

---

[45] vgl. Bullinger, H. - J., Roos, A., Wiedemann, G., Amerikanisches Business Reengineering oder japanisches Lean Managemnet, in: Office Management , 7 / 1994, S. 14

Zusammenfassend kann festgestellt werden, daß von der Mehrheit der mittetständischen Unternehmen (Unternehmen der Cluster 2 und 3) die Organisationsstruktur als ein wesentlicher Erfolgsfaktor angesehen wird. Die traditionelle Organisationsstruktur, wie sie vorstehend in ihren Grundzügen dargelegt wurde, erfährt tendenziell eine Veränderung im Hinblick auf die Berücksichtigung der Aspekte moderner Organisationskonzeptionen. Eine Verstärkung dieser Entwicklung ist darin zu sehen, daß die mittelständischen Unternehmen zum Zeitpunkt der Untersuchung diesen Aspekten eine große Bedeutung zumessen.

342 Prozeßstruktur (Ablauforganisation)

Die Prozeßstruktur mittelständischer Unternehmen kann gleichfalls wie die Gebildestruktur dergestalt dargestellt werden, daß die festgestellten Ausprägungen der Strukturdimensionen - arbeitstechnische Spezialisierung, Gestaltung des Arbeitsplatzes, Abstimmung der Verrichtungen / Tätigkeiten eines Aufgabenerfüllungsprozesses (Zeit) - in einer Strukturformel zusammengefaßt werden. Im Gegensatz zur Gebildestruktur ist aufgrund der Befragungsergebnisse eine Clusterbildung nicht möglich, so daß nur eine Darlegung der Grundzüge der Prozeßstruktur möglich ist.

Strukturdimension: arbeitstechnische Spezialisierung

Die arbeitstechnische Spezialisierung ist in den mittelständischen Unternehmen durch eine weitgehende Arbeitsteilung und funktionale Spezialisierung gekennzeichnet. Eine ganzheitliche Aufgabenerfüllung, die eine entsprechende Gestaltung der Gebildestruktur bedingt (weitgehende Entscheidungsdelegation, Selbstkoordination der Mitarbeiter, Geschäftsprozeßorientierung) ist nicht erkennbar. Die Gestaltung der arbeitstechnischen Spezialisierung kann daher wie folgt formuliert werden:

$$\text{arbeitstechnische Spezialisierung} = A_f (\text{ funktionale Spezialisierung })$$

Strukturdimension: Gestaltung des Arbeitsplatzes

Der Durchdringungsgrad der modernen Informations- und Kommunikationstechniken in den klassischen Einsatzgebieten der DV ist als hoch zu bezeichnen, d.h., mittelständische Unternehmen setzen im großen Umfange sowohl dezentralisierte (PC) als zentralisierte DV - Systeme ein. Der Einsatz multifunktionaler Arbeitsmittel ist aber noch als gering, der konventioneller Arbeitsunterlagen (Verzeichnisse, Karteien, Belege) als hoch anzusehen. Darauf weisen die z.T. von den Unternehmen angegebenen organisatorischen Schwachstellen der Prozeßstruktur hin, wie Medienbrüche, unzureichende Kommunikation, mangelhafte Information. Die Ausprägung der Strukturdimension Arbeitsplatzgestaltung kann damit wie folgt charakterisiert werden:

$$\text{Gestaltung des Arbeitsplatzes} = R_{mo} (\text{ monofunktionale Arbeitsmittel })$$

Strukturdimension: Zeit

Die Abstimmung der im Rahmen eines Aufgabenerfüllungsprozesses durchzuführenden Verrichtungen / Tätigkeiten wird vorrangig abfolgegebunden vorgenommen. Eine darüber hinausgehenden zeitliche Abstimmung z.B. in Form einer taktmäßigen Abstimmung oder eines Work - Flow - Mangement ist nicht erkennbar. Darauf lassen die Aussagen der befragten Unternehmen im Hinblick auf die Art der organisatorischen Schwachstellen in der Prozeßstruktur schließen, nämlich das Vorliegen zu hoher Durchlaufzeiten, zeitaufwendige Entscheidungsfindung und unzureichende Information und Kommunikation. Für die Strukturdimension Abstimmung der Verrichtungen ergibt sich die folgende Ausprägung:

$$\text{Abstimmung der Verrichtungen (Zeit)} = Z_a \text{ (abfolgegebundene Abstimmung)}$$

Die Grundstruktur der Prozeßstruktur mittelständischer Unternehmen läßt sich aufgrund der vorstehenden Ausführungen in einer Strukturformel wie folgt darstellen:

$$P_m = \{ A_f, P_{mo}, Z_a \}$$

4 Entwicklung der Organisationsstruktur, ein Zeitvergleich (1983 /1995)

In den folgenden Ausführungen wird untersucht, ob sich in den letzten Jahren die Gestaltungsziele und die Gestaltungsbedingungen für mittelständische Unternehmen verändert und wie sich gegebenenfalls diese auf die Gestaltung der Gebilde - und Prozeßstruktur ausgewirkt haben. Dabei wird auf die Ergebnisse einer empirischen Untersuchung zurückgegriffen, die im Jahre 1983 die Entscheidungsprozesse mittelständischer Unternehmen des IHK - Bezirks Münster zum Gegenstand hatte. In dieser Untersuchung fand die Gestaltung der Organisationsstruktur eine umfangreiche Berücksichtigung.[46] Der dadurch ermöglichte zeitliche Vergleich der Ausprägungen der Strukturdimensionen der Organisationsstruktur läßt einen Rückschluß darauf zu, ob und wenn ja wie sich die Veränderungen der Gestaltungsziele und -bedingungen auf diese ausgewirkt haben und wie die in den vorstehenden Ausführungen festgestellten zeitnahen Reorganisationmaßnahmen mittelständischer Unternehmen zu bewerten sind.

41 Veränderung der Gestaltungsziele

Wie im Punkte 24 dargelegt wurde, ist es sowohl in der betriebswirtschaftlichen Theorie als auch in der Organisationspraxis schwierig, die Gestaltungsziele von den Unternehmenszielen klar zu trennen.Es kann aber davon ausgegangen werden, daß das Zielsystem der Organisationsgestaltung ,wie es in der Abbildung 4 (siehe S. 17 f.) dargelegt wurde, in dem Zeitraum zwischen den beiden Untersuchungen keine Veränderung erfahren hat. Wohl kann eine Veränderung in der Gewichtung der einzelnen Dimensionen und Kriterien konstatiert werden. So haben die weichen Faktoren, die vor allem die humanen Ressourcen des Unternehmens betreffen, an Gewicht gewonnen.
Da aufgrund der vorliegenden Untersuchungsergebnisse ein Rückgriff auf die in der Abbildung 4 aufgeführten Kriterien nicht möglich ist, wird ein Vergleich der die jeweilige Organisationsstruktur bestimmenden Faktoren durchgeführt. Aus dem Vergleich wird dann erkennbar, auf welche Art und Weise man die Ziele der Organisationsgestaltung zu erreichen versuchte.

---

[46] vgl. Wittlage, H., Die Organisation mittelständischer Unternehmen - Wahrnehmung der Organisationsaufgaben und Gestaltung der Organisationsstruktur, Ergebnisse einer empirischen Untersuchung - , in: BFuP, 6 / 87, S. 562 ff.

Abb. 41: Zeitvergleich der die Organisationsstruktur bestimmenden Faktoren

Bestimmungsfaktoren	Untersuchung 1983		Untersuchung 1995	
	Anzahl Nennungen	% der Unter- nehmen	Anzahl Nennungen	% der Unter- nehmen
Umwelt (u.a. Marktbedin- gungen, Wettbewerb)	31	79,5	162	81,4
Unternehmensstrategie	23	59,0	181	91,0
erfolgreiche Unternehm.	12	30,8	164	82,4
Tradition	12	30,8	102	51,3
sonstige	4	10,3	25	12,6
Gesamtzahl Nennungen	82	—	634	—

Anmwerkungen:
Mehrfachnennungen möglich; Nennungen mit einem mittleren bis sehr hohen Gewicht;
Basis: 1983 39 Unternehmen, 1995 199 Unternehmen
Die hier und in den folgenden Ausführungen verwandten Zahlenangaben der Unter-
suchung 1983 sind entnommen aus: Dornieden, U., Schulte, P., Wittlage, H.,
Entscheidungsprozesse in mittelständischen Unternehmen, Berichte aus der FH
Münster Nr. 7, Münster 1988

Einen zunehmenden Einfluß auf die Organisationsgestaltung hat die Unternehmensstrategie gewonnen, d.h., die Organisationsstruktur wird in zunehmendem Maße als ein
strategischer Wettbewerbsfaktor auch von mittelständischen Unternehmen erkannt.
Dabei erhalten neben dem Aspekt der Rationalisierung (Kostensenkung) die
Kundenorientierung und die Zeitkomponente ein zunehmendes Gewicht. Im Hinblick
auf die Lösung der dabei auftretenden Zielkonflikte gewinnen erfolgreiche Unternehmen als Leitbilder der Organisationsgestaltung zunehmend an Bedeutung, da sie
diese erfolgreich einer Lösung zugeführt haben.
Diesen Feststellungen scheint der empirische Befund zu widersprechen, daß die
Tradition als die Organisationsstruktur bestimmender Faktor an Bedeutung zugenommen hat (siehe Abb. 41). Hierzu ist festzustellen, daß deren Einfluß aber
weitgehend relativiert wird durch die zunehmende Bedeutung der übrigen Faktoren
sowie durch das geringe Gewicht in Höhe von 2,6 (siehe Abb. 28, 2 = geringes
Gewicht, 3 = mittleres Gewicht), mit der die Tradition in der Untersuchung 95 von
den mittelständischen Unternehmen im Vergleich zu den anderen Faktoren bewertet
wurde (vgl. die in der Abb. 28 ausgewiesenen Mittelwerte).

42 Veränderung der Gestaltungsbedingungen

Grundlagen der Ausführungen sind die in Abb. 7 zusammengestellten Gestaltungsbedingungen. Im Hinblick auf die Veränderungen dieser Gestaltungsbedingungen können hier nur Aussagen gemacht werden, die für alle mittelständischen Unternehmen zutreffen. Dies schließt nicht aus, daß sich für einzelne Unternehmen darüber hinaus noch weitere Veränderungen ergeben haben. Ein Vergleich der IHK- Statistiken der Jahre 1983 und 1995 weist keine gravierenden Unterschiede zwischen den Betriebsgrößenklassen der mittelständischen Unternehmen auf, so daß von einer unveränderten Einflußnahmen der Betriebsgrößen auf die Organisationsgestaltung ausgegangen werden kann.

Eine entscheidende Veränderung ist dagegen in den Wettbewerbsverhältnissen zu konstatieren. Zu nennen sind hier zum einen die Realisierung des gemeinsamen europäischen Marktes und zum anderen die Wiedervereinigung Deutschlands. Beide Tatbestände hatten zur Folge, daß sich die Wettbewerbsverhältnisse sowohl durch den Markteintritt nationaler als auch europäischer Unternehmen verschärften.

Der dynamische technologische Fortschritt, z.B. Mikroelektronik, Laser Technik, zwangen die industriellen mittelständischen Unternehmen zu Veränderungen in der Produkt- und Fertigungspolitik und damit zu einer Reorganisation der Fertigung. Die Verkürzung der Lebenszyklen der Produkte verstärkte zudem diese Entwicklungen.

Eine besondere Bedeutung im Hinblick auf die Organisationsgestaltung kommt der rasanten Entwicklung der Informationstechnologie zu. Insbesondere sind hier zu nennen die Entwicklung der Hardware im PC - Bereich mit den weitgehenden Möglichkeiten der Dezentralisierung der DV (Ausstattung der einzelnen Arbeitsplätze mit DV Ressourcen) und deren Vernetzung sowie der Entwicklung integrierter Software für den kaufmännischen und technischen Bereich. Diese Entwicklung ist charakterisiert durch Preissenkungen im Hardware- und einer -erhöhung im Softwarebereich. Weiterhin verdient die zunehmende Verfügbarkeit multifunktionaler Arbeitsmittel Bedeutung. Multifunktional bedeutet, daß mit einem Sachmittel Informationen auf unterschiedlichen Trägern - Bild, Ton, Daten, Papier - be- und verarbeitet werden können.

In diesem Zusammnehang gewinnt die Fragestellung erneut an Gewicht, ob aufgrund des dynamischen Fortschritts der Informationstechnologie diese die Organisationsgestaltung bestimmt oder diese wieder zu einem Organisationsmittel im Rahmen der Organisationsgestaltung wird.

Als letzte der Gestaltungsbedingungen ist in dem hier diskutierten Zusammenhang das organisationstheoretische Wissen zu beachten.In dem Zeitraum zwischen den beiden Untersuchungen sind eine Vielzahl " moderner " Organisationskonzeptionen entwickelt worden, auf die im Punkt 5 noch einzugehen sein wird. Genannt seien beispielhaft Lean - Organization, Lean - Management, Lean - Structure, Bussines - Reengineering, fraktale Organisation. Die organisationstheoretischen Grundgedanken, auf denen diese Konzeptionen beruhen, fanden eine eingehende Darstellung und Diskussion in einer Vielzahl von Veröffentlichungen. Über die Umsetzung dieser Konzeptionen wurde häufig auch in den Wirtschaftsteilen der Tageszeitungen berichtet. Zudem waren sie ein Thema von Fachtagungen und Seminaren für Praktiker. Aufgrund dieser Fakten kann davon ausgegangen werden, daß das Wissen um diese modernen Organisationskonzeptionen auch bei dem Management der mittelständischen Unternehmen vorhanden ist.

43 Auswirkungen der Veränderungen

Ob und wie sich gegebenenfalls die vorstehend dargelegten Veränderungen der organisatorischen Gestaltungsziele und Gestaltungsbedingungen auf die Ausprägungen der Strukturdimensionen der Organisation ausgewirkt haben, wird durch eine vergleichende Gegenüberstellung der Ergebnisse der 1983 und 1995 durchgeführten empirischen Untersuchungen festgestellt. Dabei ist zu beachten, daß sich die in die Untersuchungen einbezogenen Unternehmen in der Größe unterscheiden. So wurden in der Untersuchung 1983 Industrieunternehmen der Größe 20 bis 200 Beschäftigte und Handelsbetriebe der Größe 10 bis 200 berücksichtigt. Größere mittelständische Unternehmen mit 50 und mehr Beschäftigten wurden aber gegenüber den kleineren überproportional berücksichtigt. Aus diesem Grunde ist ein Vergleich mit den Ergebnissen der Untersuchung 1995 (Unternehmen mit 50 - 500 Beschäftigte), in der der Anteil der in der Untersuchung berücksichtigten Unternehmen mit mehr als 200 Mitarbeitern 26,6 % beträgt, unter Berücksichtigung der dadurch bedingten Einschränkungen als zulässig zu betrachten.

431 Gebildestruktur

Die möglichen Veränderungen der Gebilderstruktur werden anhand der Vergleiche der Ausprägungen der Strukturdimensionen zu den Zeitpunkten 1983 und 1995 aufgezeigt.

4311 Struktur der Leitungsbeziehungen (Konfiguration)

Zunächst werden die die Leitungsstruktur kennzeichnenden Kriterien , Anzahl der Hierarchieebenen, Stabsstellen und Abteilungsleiter einander gegenübergestellt.
Wie die Werte der Abb. 42 zeigen, hat sich die Konfiguration der Gebildestruktur der mittelständischen Unternehmen im Zeitraum 1983 bis 1995 nicht gravierend verändert. Berücksichtigt man, daß in der Untersuchung 1983 auch Unternehmen mit einer Mitarbeiterzahl von unter 50 berücksichtigt wurden und diese die Durchschnittswerte für die Anzahl der Hierarchieebenen, der Stabsstellen und der Abteilungsleiter mindern, so kann von einer nahezu unveränderten Ausprägung der Strukturdimension Konfiguration gesprochen werden.

Abb. 42: Prozentuale Häufigkeitsverteilung und durchschnittliche Anzahl der Hierarchieebenen, Stabsstellen und Abteilungsleitern 1983 und 1995

Anzahl	Anzahl der Unternehmen in %					
	Hierarchieebenen		Stabsstellen		Abteilungsleiter	
	1983	1995	1983	1995	1983	1995
0	—	—	74,9	57,8	—	14,1
1	18,4	11,6	1o,8	16,1	7,7	2,0
2	22,2	8,5	6,7	8,6	16,0	4,5
3	37,2	51,3	2,6	8,0	22,7	10,6
4	16,9	21,1	2,1	3,5	16,0	11,1
5	4,3	5,0	1,7	2,0	13,9	17,6
6 - 8	0,5	2,5	1,2	2,0	} 19,6	20,1
9 - 10	0,5	—	—	1,0		8,5
11 und mehr	—	—	—	1,0	4,1	11,5
Gesamt	100	100	100	100	100	100
durchschnittliche Anzahl	2,7	3,1	0,5	1,2	4,4	5,2

Basis 1983 : Hierarchieebene: 2o7 Unternehmen, Stabsstellen: 343 Unternehmen,
            Abteilungsleiter: 194 Unternehmen
Basis 1995: 199 Unternehmen

Diese Feststellung wird durch die Gestaltung der Leitungsbeziehungen in Form des Einlinien-, Mehrlinien und Stabliniensystems bestätigt.

Abb. 43: Leitungsbeziehungen in mittelständischen Unternehmen 1983 und 1995

Leitungsbeziehungen	Anzahl der Unternehmen in %	
	1983	1995
Einliniensystem	65,22	34,6
Mehrliniensystem	30,43	15,4
Stablieniensystem	4,35	50,0
Gesamt	100	100

Die Leitungsbeziehungen sind im Jahre 1983 in 69,57 % der Unternehmen und im Jahre 1995 zu 84,6 % nach dem Prinzip der Einheit der Auftragserteilung (Einlinien- und Stabliniensystem) gestaltet. Die Veränderung zugunsten des Stabliniensystems entspricht der Durchschnittswerterhöhung für die Anzahl der Stabsstellen in der Abb. 42. Dieser Sachverhalt ist dadurch bedingt, daß in der Untersuchung 1995 die großen

miitelständischen Unternehmen (200 - 499 Mitarbeiter) berücksichtigt wurden und
bei letzteren die Stabsstellen in Form von Einpersonenstellen (z.B. Assistenten der
Unternehmensleitung und der Abteilungsleiter) häufig anzutreffen sind. Die Abnahme des Mehrliniensystems ist ebenfalls dadurch begründbar, denn bei kleineren Unternehemen werden aufgrund des geringeren Umfanges einzelner Aufgabenkomplexe
Mitarbeiter, die an der Erfüllung unterschiedlicher Aufgaben beteiligt sind, auch
dementsprechend mehreren Vorgesetzten zugeordnet.
Zusammenfassend kann festgestellt werden, daß die Konfiguration mittelständischer
Unternehmen weiterhin durch eine flache Struktur (wenige Hierarchieebenen) charakterisiert ist, Stabsstellen in der Mehrheit der Unternehmen nicht eingerichtet werden
und das Management (Anzahl der Abteilungsleiter) einen dem Leitungsaufwand
entsprechenden Umfang aufweist.

4312 Abteilungsstruktur (sachliche Spezialisierung)

Um eine Aussage über eine mögliche Veränderung der sachlichen Spezialisierung
treffen zu können, werden die Ergebnisse bezüglich der Bildung unterschiedlicher
Abteilungen herangezogen (unberücksichtigt bleibt in diesem Vergleich der Fertigungsbereich).

Abb. 44 Aufschlüsselung der eingerichteten Abteilungen / Ressorts 1983 und 1995

eingerichtete Abteilungen/Ressorts	Zahl der Unternehmen in %	
	1983	1995
Absatz/ Vertrieb/ Marketing	85,4	83,9
Beschaffung/ Einkauf/ Materialwirtschaft	78,4	80,4
DV - Organisation	65,1	70,4
Finanzierung/ Investition	30,9	32,2
Personal	56,1	64,8
Rechnungswesen/Steuern	80,1	81,4
Durchschnitt	4,0	4,1

Basis: 1983: 301 Unternehmen
      1995: 199 Unternehemn

Die Einzelwerte für die unterschiedlichen Abteilungen als auch die Durchschnittswerte
für die Anzahl der gebildeten Abteilungen weisen keine Unterschiede auf, die auf eine
wachsende funktionale Spezialisierung in mittelständischen Unternehmen schließen
lassen.

**Abb. 45 : Häufigkeitsverteilung der Anzahl der gebildeten unterschiedlichen
Abteilungen 1983 und 1995 (unberücksichtigt der Produktionsbereich)**

Anzahl der unterschiedlich-lichen Abteilungen	Anzahl der Unternehmen			
	1983		1995	
	absolut	%	absolut	%
6	64	21,3	37	18,8
5	52	17,3	57	28,8
4	62	20,6	48	24,2
3	68	22,6	29	14,6
2	41	13,6	18	9,1
1	14	4,6	2	1,0
0	—	—	7	3,5
Gesamt	301	100	198	100

Der Vergleich der Häufigkeitsverteilung der Anzahl der gebildeten Abteilungen
bestätigt die vorstehende Aussage, denn die Unterschiede in den Größenklassen 5 bzw.
4 gebildete Abteilungen ist darauf zurückzuführen, daß in der Untersuchung 1995
gegenüber der von 1983 Unternehmen bis zu einer Beschäftigtenzahl von 500
Mitarbeietrn berücksichtigt wurden und somit der prozentuale Anteil der Unternehmen
mit einer größeren Anzahl von Abteilungen zwangsläufig höher ist.
Zusammenfassend kann festgestellt werden, daß eine wachsende funktionale Spezialisierung in Form einer differenzierteren Abteilungsbildung in den mittelständischen
Unternehmen nicht stattgefunden hat.

4313 Verteilung der Entscheidungsaufgaben (formale Spezialisierung)

Durch den Vergleich der Untersuchungsergebnisse soll die Frage beantwortet werden,
ob im Zeitablauf die für mittelständische Unternehmen festgestellte Tendenz zur
Entscheidungszentralisation eine Abschwächung zugunsten einer Entscheidungsde-
zentralisation erfahren hat. Eine erste Antwort auf diese Frage gibt der Vergleich des
Anteils der Routineentscheidungen an der Gesamtheit der Entscheidungen der
Unternehmensleitung.

Abb. 46: Anteil der Routineentscheidungen an den Entscheidungen der Unternehmensleitung 1983 und 1995

Spanne der Routine-entscheidungen	Anzahl der Unternehmen					
	1983			1995		
	absolut	%	kum. %	absolut	%	kum. %
mehr als 80 %	43	12,8	12,8	19	10,0	10,0
60 % - 80 %	106	31,7	44,5	45	23,6	33,6
40 % - 60 %	81	24,2	68,7	57	29,8	63,4
20 % - 40 %	63	18,8	87,5	44	23,0	86,4
weniger als 20 %	42	12,5	100	26	13,.6	100
Gesamt	335	100	—	199	100	—

Aufgrund der in der Abbildung 46 ausgewiesenen Werte kann eine Tendenz zur Entscheidungsdezentralisation konstatiert werden, aber weiterhin ist der Anteil der Routineentscheidungen an den gesamten Entscheidungen der Unternehmensleitung als hoch zu bezeichnen (Bei 63,4 % der Unternehmen ist der Anteil immer noch höher als 40 %).

Ein weiteres Kriterium für die Beurteilung des Ausmaßes der Entscheidungszentralisation ist die Beteiligung der Mitarbeiter an der Entscheidungsfindung.

Abb. 47: Diskussion und Delegation von Entscheidungen 1983 und 1995

Diskussion und Delegation von Entscheidungen	Anzahl der Nennungen			
	1983		1995	
	absolut	%	absolut	%
Das Management delegiert Aufgaben und Ent- dungen an Mitarbeiter. Nur Grundsatzentscheidungen werden vom Mangement getroffen.	13	3,7	72	16,8
Die Manager setzen Ziele und grenzen die Entschei- dungsspielräume ab, die Mitarbeiter entscheiden selbständig im Rahmen ihrer Befugnisse.	109	31,1	134	31,2
Die Mitarbeiter entwickeln Vorschläge; das Manage- ment wählt den geeignet er- scheinenden Vorschlag aus	27	7,7	57	13,3
Die Mitarbeiter werden über die Entscheidungen informiert; sie haben die Möglichkeit, ihre Meinung dazu zu äußern.	157	44,9	101	23,5
Das Mangement entschei- det, ist aber bemüht, die Mitarbeiter von der Ent- scheidung zu überzeugen.	38	10,9	55	12,9
Das Management entschei- det und ordnet an.	6	1,7	10	2,3
Gesamt	350	100	429	100

Mehrfachnennungen möglich; Basis: 1983: 337 Unternehmen; 1995: 199 Unternehmen

Die vorstehend festgestellte Tendenz zur Entscheidungdeszentralisation findet eine Bestätigung in den Vergleichsergebnissen in Bezug auf die Diskussion und Delegation von Entscheidungen. So wird zunehmend den Mitarbeitern im Rahmen gesetzter Ziele und Entscheidungsspielräume die Möglichkeit der selbständigen Entscheidung gegeben, das Management konzentriert sich zunehmend auf das Treffen von Grundsatzentscheidungen. Bei Entscheidungen des Management erfolgt eine weitgehende Information der Mitarbeiter.

Trotz dieser aufgezeigten Entwicklung zur Entscheidungsdezentralisation bzw. Beteiligung der Mitarbeiter an Entscheidungen ist weiterhin von einem relativ hohen Grad der Entscheidungszentralisation in mitteiständischen Unternehmen auszugehen.

4314 Koordination

Da in der Untersuchung 1983 die Frage der Koordination nicht direkt angesprochen wurde, kann nur aufgrund der ansteigenden Zahl der Stabsstellen und des Anteils der Stablinienorganisation (vgl. Punkt 35311) folgende Feststellung getroffen werden. Da als eine wesentliche der Entscheidung nachgelagerte Aufgabe die Koordination angesehen werden kann, diese vorzugsweise den Stabsstellen zugeordnet wird (Koordinationsstab), kann von einer zunehmenden strukturellen Koordination in mittelständischen Unternehmen ausgegangen werden. Diese Feststellung wird dadurch gestützt, daß in der Untersuchung 1995 27,6 % der befragten Unternehmen die strukturelle Koordination als in ihrem Unternehmen als praktiziert angeben.

4315 Dokumentation der Organisationsstruktur (Formalisierung)

Organisatorische Regelungen in Bezug auf die Leitungsstruktur sowie die Verteilung der Aufgaben, Kompetenzen und Verantwortung auf die Mitarbeiter finden ihren Niederschlag in den unterschiedlichen Dokumentationsformen für die Gebildestruktur. Über Art und Umfang der in den Jahren 1983 und 1995 eingesetzten unterschiedlichen Dokumentationsformen der Gebildestruktur gibt die folgende Tabelle Auskunft.

Abb. 48: Vergleichende Gegenüberstellung der Dokumentationsformen der Gebildestruktur in den Jahren 1983 und 1995

Formen der Dokumentation	Zahl der Unternehmen			
	1983		1995	
	absolut	%	absolut	%
keine Dokumente	213	64,9	19	9,5
Organigramme	63	19,2	131	65,8
Stellenbeschreibungen	⎫ 115	35,1	90	45,2
Arbeitsplatzbeschreibungen	⎭		54	27,1
andere Dokumente	—	—	15	7,5
Gesamt Nennungen	391	—	309	—

Basis: 1983: 328 Unternehmen; 1995: 199 Unternehmen

Die Dokumentation der organisatorischen Regelungen der Gebildestruktur weist im Jahre 1995 gegenüber dem Jahre 1983 eine bemerkenswerte Erhöhung auf. So stieg der Einsatz der Organigramme von 19,6 % auf 65,8 % und der Stellenbeschreibungen /Arbeitsplatzbeschreibungen von 35,1 % auf 72,3 % . Diese Steigerung muß aber relativiert werden, da in der Untersuchung 1983 eine größere Zahl kleinerer mittelständischer Unternehmen berücksichtigt wurde. Wird das Ergebnis der 1983 durchgeführten Interviews bei 39 größeren mittelständischen Unternehmen berücksichtigt - 33,3 % der Unternehmen verfügten über Organigramme, 45,4 % über Stellenbeschreibungen/Arbeitsplatzbeschreibungen - so kann auch weiterhin eine erheblich verbesserte Dokumentation der Gebildestruktur festgestellt werden.

4316 Wahrnehmung der Organisationsaufgabe

Ein Aspekt der Wahrnehmung der Organisationsaufgabe ist in der zeitlichen Struktur der organisatorischen Veränderungen zu sehen. Wird die Organisationsaufgabe im Unternehmen als eine laufend wahrzunehmende Aufgabe angesehen, d.h., die Organisation wird als ein wesentlicher strategischer Erfolgsfaktor bewertet, so ist eine zeitnahe Änderung der organisatorischen Regelungen als Antwort auf die situativen Veränderungen erforderlich.
Ein Vergleich der zeitlichen Struktur der organisatorischen Veränderungen mittelständischer Unternehmen wird in der folgenden Tabelle vorgenommen.

Abb. 49: Änderung der Organisationsstruktur im Zeitablauf, Ergebnisse der Untersuchungen der Jahre 1983 und 1995

Änderung der Organisationsstruktur im Zeitablauf	Anzahl der Unternehmen			
	1983		1995	
	absolut	%	absolut	%
überhaupt nicht	25	15,6	16	8,0
vor mehr als 5 Jahren	39	24,4	27	13,6
vor mehr als 2 Jahren	23	14,4	43	21,6
vor 2 Jahren	40	25,0	28	14,1
im letzten Jahr	33	20,6	85	42,7
Gesamt	160	100	199	100

Anmerkung: Die Werte 1983 berücksichtigen nur Unternehmen mit mehr als 50 Beschäftigte

Der Vergleich zeigt, daß die mittelständischen Unternehmen zu einem veränderten Organisationsverhalten gefunden haben, d.h., die Organisationsveränderungen weisen eine größere Zeitnähe auf. Dies kann bedeuten, daß die Unternehmen nicht nur zu organisatorischen Änderungen aufgrund der situativen Veränderungen gezwungen wurden, sondern diese im Hinblick auf eine Verbesserung der Wettbewerbsposition durchgeführt haben.

Ein weiteres Indiz für die Wahrnehmung der Organisationsaufghabe ist in den Personen zu sehen, die die Organisationsentscheidungen treffen.

Abb. 50: Entsscheidungsträger von Organisationsentscheidungen, 1983 und 1995

Entscheidungs-träger	Anzahl der Nennungen und prozentualer Anteil der Unternehmen							
	Aufbauorganisation				Ablauforganisation			
	1983		1995		1983		1995	
	absolut	%	absolut	%	absolut	%	absolut	%
Unternehmens-leitung	37	94,9	181	91,0	28	71,8	121	60,8
Abteilungsleiter	10	26,6	54	27,1	21	53,8	177	88,9
Org. Abteilung	2	5,1	9	4,5	4	10,3	22	11,1
Org. Fachmann	—	—	9	4,5	—	—	11	5,5
Arbeitskreis	1	2,6	38	19,1	1	2,6	68	34,2
Gesamt	50	—	291	—	54	—	399	—

Basis: 1983 39 Unternehmen; 1995 199 Unternehmen

Auch die Veränderung der Entscheidungsträger weist auf die zunehmende Bedeutng der Organisastionsaufgabe hin. Dies trifft insbesondere für Entscheidungen der Ablauforganisation zu. Durch die erhöhte Beteiligung der Abteilungsleiter und von Arbeitskreisen wird deren Sach- und Fachwissen im größeren Umfange genutzt. Des weiteren unterstützt die Verlagerung der organisatorischen Entscheidungen auf die Mitarbeiter die bereits im Punkte 35313 festgestellte Tendenz zur Entscheidungsdezentralisation in mittelständischen Unternehmen.

Organisationsentscheidungen bedürfen einer Absicherung durch eine anforderungsgerechte Informationsbeschaffung. Im Jahre 1983 nahmen 6,6% der in der Untersuchung berüchsichtigten Unternehmen eine solche nicht vor, im Jahre 1995 14,6 % . Die Nutzungsintensität betrug 1983 2,52 gegenüber einer solchen im Jahre 1955 von 2,93 (2 = häufig, 3 = gelegentlich). Aufgrund dieser Werte ist festzustellen, daß die Absicherung der Organisationsentscheidungen durch eine anforderungsgerechte Informationsbeschaffung abgenommen hat.

Im Hinblick auf die Kontrolle der Realisierung der Organisationsentscheidungen ergeben sich in den beiden Untersuchungen folgende Werte: 1983 wurde in 16,1 %

der Unternehmen keine Kontrolle vorgenommen; 1995 in 11,1 % . Damit hat sich das Kontrollverhalten im Zeitablauf verbessert.

Ein wichtiger Aspekt im Rahmen der Wahrnehmung der Organisationsaufgabe ist in dem Problembewußtsein hinsichtlich vorhandener organisatorischer Schwachstellen zu sehen.

Abb. 51 Vorhandene organisatorische Schwachstellen

organisatorische Schwachstellen	Anzahl der Nennungen			
	1983		1995	
	absolut	%	absolut	1995
keine vorhanden	4	10,3	54	27,3
vorhanden	35	89,7	144	72,7
davon bekannt	29	74,4	139	70,2
nur in der Aufbauorganisat.	5	17,3	9	6,5
nur in der Ablauforganisat.	6	20,7	48	34,5
in beiden	17	58,6	79	56,8
keine Angabe	1	3,4	2	2,2

Basis: 1983 39 Unternehmen; 1995 199 Unternehmen

Der Vergleich der Untersuchungsergebnisse 1983 und 1995 zeigt zwei zu beachtende Tatbestände. Zum ersten weist die Aussage im Hinblick auf das Vorhandensein organisatorischer Schwachstellen einen erheblichen Unterschied. 1983 waren in nur 10,3 % der Unternehmen keine solchen vorhanden, im Jahre 1995 in 27,3 % der Unternehmen. Dies ist u. a. darauf zurückzuführen, daß im Jahre 1995 die Reorganisationsmaßnahmen zeitnäher durchgeführt wurden (1983: 20,6 % der Unternehmen führten Reorganisationen im letzten Jahr durch, 1995 waren es hingegen 42,7%). Die zeitnahe Vornahme von Reorganisationsmaßnahmen führte folglich zu einer Abnahme vorhandener organisatorischer Schwachstellen.

Das zweite wichtige Vergleichsergebnis ist die Verlagerung der organisatorischen Schwachstellen von dem Bereich der Aufbauorganisation in den der Prozeßstruktur (Schwachstellen in der Ablauforganisation: 1983 20,7 % ; 1995 34,5 %). Die Ursachen für diese Verlagerung sind sowohl innerbetrieblicher Natur - u.a. unzureichende organisatorische Vorbereitung des Einsatzes moderner I- und K- Techniken - als auch in den marktlichen Veränderungen - verändertes Kundenverhalten, zunehmender Wettbewerb - zu sehen.

Da eine große Anzahl mittelständischer Unternehmen nicht über qualifizierte Organisationsfachkräfte verfügen - die in 70,4 % der Unternehmen eingerichteten DV/Organisationsabteilungen nehmen vorrangig DV - Aufgaben wahr (vgl. Abb. 22) -

ist im Hinblick auf die Wahrnehmung der Organisationsaufgabe der Einsatz externer Organisationsfachleute von Bedeutung. Die Untersuchung 1983 ergab, daß 6,4 % der in der Untersuchung berücksichtigten Unternehmen häufig externe Organisationsfachleute einsetzten. Der entsprechende Wert in der Untersuchung 1995 beläuft sich auf 8,5 % , d.h., eine wesentliche Zunahme der Unterstützung durch externe Berater bei der Lösung organisatorischer Problemstellungen hat nicht stattgefunden.

432 Prozeßstruktur

Die Ausführungen zum Punkt 342 lassen, da die Prozeßstruktur nicht direkt in den Untersuchungen 1983 und 1995 erfaßt wurde, keine konkreten Hinweise auf mögliche Veränderungen der Prozeßstruktur zu. Es läßt sich daher nur die Aussage treffen, daß die Prozeßstrukrtur mittelständischer Unternehmen keine grundlegenden Veränderungen erfahren hat, da korrespondierende Veränderungen der Gebildestruktur aufgrund der Vergleichsergebnisse 1983 und 1995 nicht festgestellt werden konnten.

433 Zusammenfassung

Das Ergebnis des Vergleichs der empirischen Untersuchungen der Jahre 1983 und 1995 im Hinblick auf die Veränderung der Organisationsstruktur mittelständischer Unternehmen kann in folgenden Thesen zusammengefaßt werden:

• Die Gestaltungsziele der Organisationsstruktur haben sich dahingehend verändert, daß die Unternehmensstrategie zunehmend als ein wesentlicher Bestimungsfaktor der Organisationsstruktur und damit diese als ein wesentlicher strategischer Erfolgsfaktor angesehen wird.
• Die wesentlichen Veränderungen der Gestaltungsbedingungen sind in den folgenden Fakten zu sehen: verstärkter internationaler Wettbewerb (EG - Markt), Erweiterung des nationalen Marktes (deutsche Wiedervereinigung), dynamische Entwicklungen der Informationstechnologie (z.B. multifunktionale Arbeitsmittel, integrierte Standardsoftware), Erweiterung des organisatorischen Wissens (Entwicklung moderner Organisationskonzeptionen).
• Die Veränderungen der Gestaltungsziele und - bedingungen fanden in der Organisationsstruktur der mittelständischen Unternehmen folgende Berücksichtigung: Die Konfiguration (Leitungsbeziehungen) weist weiterhin eine flache Struktur (wenige Hierarchieebenen) auf, Stabsstellen finden keine zunehmend Berücksichtigung und der Leitungsaufwand (Management) erscheint als angemessen. Die Abteilungsstruktur (sachliche Spezialisierung) hat keine weitergehende funktionale Spezialisierung erfahren. Sie beschränkt sich im wesentlichen auf die Kernfunktionen des Unternehmens. Die formale Spezialisierung (Verteilung der Entscheidungsaufgaben) ist durch eine Tendenz zur Entscheidungsdezentralisation gekennzeichnet, weist aber weiterhin einen hohen Grad der Zentralisation auf.

• Die Formalisierung (Dokumentation der organisatorischen Regelungen) weist einen erheblichen Fortschritt auf und zwar in mehrfacher Hinsicht.Zunächst ist die Anzahl der Unternehmen, die ihre organisatorischen Regelungen dokumentieren, erheblich gestiegen. Insbesondere hat sich der Einsatz von Organigrammen und Stellenbeschreibungen / Arbeitsplatzbeschreibungen wesentlich erhöht.

• Die Wahrnehmung der Organisationsaufgabe hat inn mittelständischen Unternehmen an Bedeutung gewonnen. Dies zeigt sich in den folgenden Fakten: Organisationsänderungen (Reorganisationen) werden in kürzeren Zeitabschnitten durchgeführt; die Mitwirkung von Abteilungsleitern und Mitarbeitern in Form von Arbeitskreisen hat erheblich zugenommen. Die Absicherung der Organisationsentscheidungen durch eine Kontrolle der realisierten Entscheidungen weist eine steigende Tendenz auf. Eine gleiche Tendenz ist auch beim Einsatz externer Organisationsfachleute zu konstatieren.

Aufgrund der im Punkte 34 dargelegten Organisationsstruktur, der vorstehend aufgezeigten Entwicklungen und der nachfolgenden Analyse moderner Organisationskonzeptionen kann die Frage beantwortet werden, in welcher Richtung sich die Organisationsgestaltung mittelständischer Unternehmen in der Zukunft entwickeln muß.

5 Analyse der " modernen" Organisationskonzeptionen

51 Moderne Organisationskonzeptionen

Die Veröffentlichungen seit Mitte der achtziger Jahre, die sich mit den Fragen der Organisationsgestaltung beschäftigen, behandeln insbesondere Themen wie Lean-Organization, Geschäftsprozeßorganisation, prozeßorientierte Organisation, fraktale Organisation u.a.m. Trotz der unterschiedlichen Begriffsinhalte, wobei selbst die einzelnen Begriffe abweichend voneinander definiert werden, haben diese Organisationskonzeptionen doch eine gemeinsame Zielsetzung, die Organisationsstrukturen effizienter zu gestalten. D.h., das Problem des "magischen Dreiecks" Kosten, Zeit und Effizienz[47] der Aufgabenerfüllung zu lösen. Dies wird einerseits darin gesehen, daß Veränderungen der Situationsvariablen wie Globalisierung der Märkte, steigende Qualitätsanforderungen, differenzierte Kundenanforderungen, steigender Wettbewerb, neue Informations- und Kommunikationstechniken u. a. m. bei der Gestaltung der Organisationsstruktur des Unternehmens Berücksichtigung finden.[48] Andererseits sollen die in vielen Unternehmen festgestellten organisatorischen Schwachstellen wie hoher Verwaltungs- und Leitungsaufwand, fehlender Leistungsbezug, Medienbrüche u. a. m. beseitigt werden.[49]
Die vorstehend genannten Organisationskonzepte werden in den folgenden Ausführungen unter dem Begriff der modernen Organisationskonzeptionen subsumiert. Sie unterscheiden sich von den traditionellen Organisationskonzeptionen wie funktionale Organisation, divisionale Organisation, Matrixorganisation, Tensororganisation durch veränderte organisatorische Gestaltungsziele und Unternehmensstrategien. Wie in den folgenden Ausführungen dargelegt wird, ist der Übergang von den traditionellen zu den modernen Organisationskonzeptionen als ein kontinuierlicher, folgerichtiger Entwicklungsprozeß anzusehen, der auf den Veränderungen einer Vielzahl endogener und exogener Fakten beruht.[50]

52 Charakterisierung der modernen Organisationskonzeptionen

In den weiteren Ausführungen werden die folgenden Formen moderner Organisationskonzeptionen

---

[47] Abweichend hiervon werden als Anforderungen an die Organisationsstruktur Erhöhung der Kundenorientierung, Steigerung der Kostenwirtschaftlichkeit und Reduzierung der Reaktionszeit genannt, vgl. Frese, E., von Werder, A., a.a.O., S. 5
[48] vgl. Kraus, H., Historische Entwicklung von Organisationsstrukturen, Ursachen für die Notwendigkeit neuer Organisationskonzepte?, in: Geschäftsprozeßmanagement, hrsg. von Krickl, O., Heidelberg 1994, S. 11
[49] vgl. Erdl, G., Schönicker, G., Vorgangssteuerungssysteme im Überblick, in: Office Management, 3/93, S. 14
[50] Die Unterscheidung von traditionellen und modernen Organisationskonzeptionen ist daher in erster Linie unter dem Zeitpunkt ihrer Entstehung zu sehen.

- Lean Konzeptionen
- Kundenorientierte Organisation
- Geschäftsprozeßorganisation
- Fraktale Organisation

einer Analyse im Hinblick auf ihre grundlegenden Unterschiede im Vergleich zu den traditionellen Organisationsstrukturen unterworfen.[51]

521 Lean Konzeptionen

Zunächst ist es erforderlich, eine begriffliche Klarstellung im Hinblick auf das Adjektiv lean vorzunehmen. In Bezug auf die verschiedenen Funktionen und Bereiche des Unternehmens findet z.Zt. sowohl in der Literatur als auch in der betrieblichen Praxis eine umfangreiche Diskussion folgender Themen statt: Lean-Production, Lean- Management, Lean-Office, Lean-Computing, Lean-Controlling, Lean-Organization, Lean-Consulting usw. Dabei wird das englische Adjektiv lean fälschlicherweise mit dem deutschen Begriff schlank übersetzt. Diese Übersetzung ist unzutreffend, wie der Blick in ein Wörterbuch zeigt. So ist das Adjektiv lean ins Deutsche mit mager zu übersetzten[52]. Noch unerklärlicher wird die Übersetzung schlank, wenn man die englische Erklärung des Wortes lean heranzieht, die nämlich lautet: "non productive or of poor quality"[53]. Es ist aber festzustellen, daß das Adjektiv lean in der Diskussion der vorstehend genannten Zuordnungen inhaltlich genau das Gegenteil beinhaltet; Lean Management, Lean Production, Lean Organization usw. sind ja gerade durch eine hohe Effizienz, Produktivität und Qualität gekennzeichnet. In den folgenden Ausführungen soll von dieser begrifflichen Unklarheit abgesehen der Begriff Lean im Sinne von schlank gleich produktiv bzw. effizient verstanden werden.

Im Vordergrund der weiteren Ausführungen steht die Organisationskonzeption Lean Organization mit den damit eng verknüpften Konzeptionen Lean- Structure und Lean-Management. Die zu untersuchende Problemstellung kann in Form der folgenden Fragestellungen formuliert werden:

1. Durch welche Kriterien sind die Konzeptionen Lean- Organization, Lean-Structure und Lean- Management charakterisiert ?
2 Was sind die Ursachen für die Entwicklung der vorstehend genannten Lean-Konzeptionen ?

---

51 Weitere Organisationstrukturen wie Vertrauensorganisation (Bleicher), wettbewerbsorientierte Organisationsstruktur, human zentrierte Organisationsstruktur u.a.m. werden nicht behandelt, da die Aspekte dieser Strukturen in den vorstehenden Konzeptionen weitgehend Berücksichtigung finden.
52 Vgl. Langscheidts Taschenwörterbuch Deutsch-Englisch, 6. Neubearbeitung, Berlin-München-Wien-Zürich 1970, S. 312.
53 Vgl. Hornby, A.S./ Gatterby, E.V./ Wakefield, H.; The Advanced Learner's Dictionary of Current English, 3. Edition, London 1971, S. 554.

Dies bedingt, daß die Kriterien der Lean Konzeptionen herausgearbeitet und auf ihre Gemeinsamkeiten hin verglichen werden müssen. Dabei ist zwischen qualitativen und quantitativen Kriterien zu unterscheiden. Ferner wird untersucht, ob die Unterschiede primär innerbetrieblich oder außerbetrieblich bedingt sind.

5211 Lean Organization

Unter Lean Organization wird eine Rationalisierung auf hohem Niveau verstanden[54]. Sie drückt sich aus in einem abnehmenden Gewicht der klassischen Organisations-aspekte wie Hierarchie, Zentralisierung, Arbeitsteilung und funktionale Spezi-alisierung. An ihre Stelle treten die organisatorischen Aspekte wie Vernetzung, Delegation und Individualisierung. Dies beinhaltet einen Substitutionsprozeß im Rahmen des organisatorischen Gestaltungsprozesses dergestalt, daß Hierarchie durch Vernetzung, Wettbewerb durch Koordination, Zentralisation durch Verteilung, Standardisierung durch Individualisierung, Kosten durch Qualitätsaspekte situativ in mehr oder minder großem Umfang ersetzt werden.

Auf den unterschiedlichen Ebenen und in den verschiedenen Bereichen des Unter-nehmens findet dieser Prozeß seine Konkretisierung in folgenden Fakten:

- ganzheitliches Denken
- Workgroup Computing (CSCW)
- abnehmende Administration
- geringere Komplexität
- reduzierte Bürokratie
- abnehmende Regulierung (Verringerung vorgegebener Verfahrensanweisungen)
- Selbstoptimierung
- zunehmende Innovation
- erhöhte Flexibilität
- Selbstkoordination
- Fertigungsinseln
- Vertriebsinseln
- Projektteams
- Produktmanagement
- Business Improvement Teams.

Die vorstehend aufgeführten Fakten, die sich z.T. ergänzen und überlappen, sind pri-mär qualitativer Natur und innerbetrieblich orientiert, finden aber einen unmittelbaren quantitativen Niederschlag in folgenden Fakten der Gebilde- und Prozeßstruktur:

- steigende Anzahl der Mehrpersonenstellen
- Abnahme der funktionalen Arbeitsteilung und Spezialisierung (Teambildung)

---

[54] Zu den folgenden Ausführungen siehe Bullinger, H.-J., u.a., Lean Office, in: Office Management, 9/1993, S. 16 ff.

- abnehmende Anzahl der Leitungs- und Führungsaufgaben wahrnehmenden Mitarbeiter (Manager)
- geringe Anzahl der Hierarchieebenen (flache Organisation)
- hohe Leitungsspannen
- geringe Anzahl von Unterstützungseinheiten (u .a .Stäbe)
- steigende Anzahl teilautonomer Aktionseinheiten im Unternehmen
- Abnahme der Anzahl von Aktionseinheiten mit Koordinationsaufgaben.

Die vorstehenden Fakten bewirken einerseits eine Veränderung der Strukturparameter der Gebildestruktur, formale Spezialisierung und Koordination, sowie eine Modifizierung der Konfiguration. Die Strukturparameter der Lean-Organization erhalten nunmehr folgende Ausprägungen:

sachliche Spezialisierung :	funktions- oder objektorientiert (Sf/o)
formale Spezialisierung :	Entscheidungsdelegation über alle Hierarchieebenen bis hin zum einzelnen Mitarbeiter, (Kaskadeneffekt) (E_d)
Koordination :	hoher Grad der Selbstkoordination (K_s)
Konfiguration :	Einliniensystem mit hohen Leitungsspannen (flache Struktur) (L_e)

Dem entspricht folgende Strukturformel für die Gebildestruktur der Lean - Organization (G_l):

$$G_l = \{Sf/o, E_d, K_s, L_e \}$$

Da Gebilde- und Prozeßstruktur interdependent sind, d.h. sich wechselseitig beeinflussen, ergeben sich für die Prozeßstruktur folgende Ausprägungen ihrer Strukturparameter:

arbeitstechnische Spezialisierung :	ganzheitliche Aufgabenerfüllung (A_g)
Ort und Gestaltung des Arbeits-platzes :	multifunktionale Arbeitsplätze (R_m)
Zeit (Art der zeitlichen Regelung der Arbeitsleistungen) :	zeitliche Integration der Verrichtungen (geringe Liege- und Transportzeiten) (Z_i)

Aufgrund dieser Strukturparameter ergibt sich für die Prozeßstruktur der Lean-Organization (P_l) folgende Strukturformel:

$$P_l = \{A_g, R_m, Z_i \}$$

Die nach außen gerichteten Aspekte - Kunden- und Lieferantenorientierung - finden in den folgenden Fakten ihre organisatorische Berücksichtigung:

- erhöhte zwischenbetriebliche Kommunikation
- Einrichtung von Kooperationsverbänden
- Unternehmenssegmentierung (z.b. Strategische Geschäftseinheiten (SGE))
- In-/Outsourcing
- Geschäftsprozeßmanagement
- Total Quality Management (ISO 9000).

Wie aus den vorstehend dargelegten Kriterien der Konzeption "Lean-Organization" erkennbar wird, werden die Gebilde- und Prozeßstruktur gleichermaßen in den Veränderungsprozeß einbezogen.bisherige aufbauorganisatorische Regelungen werden hinterfragt und prozeßorientierte Gestaltungsaspekte treten in den Vordergrund. Dies ist eine Folge der steigenden wettbewerblichen Herausforderungen an die Unternehmen. Damit tritt bei der organisatorischen Gestaltung eine Veränderung der Blickrichtung ein, nämlich die Sichtweise von innen nach außen (Unternehmen → Markt) wird ersetzt durch die Sicht von außen nach innen (Kunden- / Lieferanten → Unternehmen).[55]
Weiterhin ist die Konzeption der Lean- Organization stark personenorientiert (humane Zentrierung) im Hinblick auf eine positive Beeinflussung der Motivation der Mitarbeiter. Es findet auch ein Substitutionsprozeß dergestalt statt, daß die Sachorientierung (Organisation ad rem) teilweise durch eine Personenorientierung (Organisation ad personam) ersetzt wird. Das "human capital" erhält einen erhöhten Stellenwert im Rahmen des organisatorischen Gestaltungsprozesses.[56]

5212 Lean Management[57]

Das Ergebnis einer Analyse der Veröffentlichungen zum Thema "Lean-Management", die sich sowohl auf rein theoretische Ausführungen als auch auf praktische Erfahrungen bei der Realisierung des Konzeptes, insbesondere bei japanischen Unternehmen (Automobilhersteller)[58] beziehen, läßt sich in folgenden Feststellungen zusammenfassen. Lean-Management ist mithin durch folgende Elemente charakterisiert:[59]

---

[55] Vgl. Bullinger, H.-J./ Wasserloos, G.: Innovative Unternehmensstrukturen, in Office Management, 1-2/1992, S. 12
[56] Vgl. Pfeiffer, W./ Weiß, E.: Lean Management, Grundlagen der Führung und Organisation industrieller Unternehmen, Berlin 1992, S. 165
[57] Zu denfolgenden Ausführungen siehe Schmidt, B.; Lean Management, in: Office Management, 3/1993, S. 38 ff
[58] Siehe u.a. Pfeiffer, W./ Weiß, E., a.a.O., S. 165
[59] Vgl. Picot, A./ Neuburger, R./ Niggl, J.: Electronic Data Interchange (EDI) und Lean Management, in: ZfO, 1/1993, S. 21

- Umstrukturierung traditioneller Organisationsstrukturen mit Stab- und Linienfunktionen in schlanke, ausgedünnte Unternehmenseinheiten mit wenigen Hierarchieebenen
- geringe Anzahl von Mitarbeitern mit Leitungsaufgaben
- Projektorientierung
- Gestaltung der Führungsorganisation im Hinblick auf schnelle, dezentrale Entscheidungen
- "optimale" Förderung und Nutzung der individuellen Leistungspotentiale der Mitarbeiter (human capital)
- konstruktive, offene Atmosphäre im Hinblick auf die Identifikation der Mitarbeiter mit den Unternehmenszielen
- Abkehr von funktionalen, Hierarchie orientierten Verrichtugen innerhalb der Arbeitsorganisation und Hinwendung zur prozeßorientierten Aufgabenbearbeitung
- Teams als kleinste organisatorische Einheit
- offener konstruktiver Führungsstil
- Kundenorientierung (Bildung kundenorientierter Organisationseinheiten).

Das "Lean-Management" bezieht in seine Betrachtung sowohl die Gebilde- als auch die Prozeßstruktur ein. Die Strukturformeln der Gebilde- und Prozeßstruktur sind identisch mit denen der Lean-Organization. Zugleich wird der Mitarbeiter als ein wesentlicher Erfolgsfaktor für die Effizienz des Unternehmens gesehen. Ermöglicht werden soll durch die vorstehend genannten Fakten die Erbringung ganzheitlicher Problemlösungen aus "einer Hand" sowie die Sicherstellung der Zusammenarbeit mit strategischen Partnern. Durch die Erfüllung dieser Zielsetzung soll der Außenbezug des Unternehmens (Markt → Unternehmensbeziehung) in der Gestaltung des Managements seinen Niederschlag finden.

5213 Lean Structure

Analysiert man die Aussagen zum Thema Lean-Structure, so kann die Feststellung getroffen werden, daß in diesem Konzept die strukturellen Auswirkungen der Konzeptionen Lean-Organization und Lean-Management in institutioneller und prozessualer Hinsicht ihren Niederschlag finden. Diese lassen sich wie folgt charakterisieren:[60]

Gebildestruktur

- geringe Anzahl von Hierachieebenen, d.h. flache Organisationsstruktur
- geringe Anzahl von Aktionseinheiten (Stellen/Abteilungen/Bereiche)
- hohe Leitungsspannen
- Teambildung (Teams als kleinste Organisationseinheiten)
- Bildung von Projektgruppen

---

[60] Vgl. u.a. die vorstehend aufgeführte Literatur sowie Wildemann, H. Hrsg.: Lean Mangement, Strategien zur Erreichung wettbewerbsfähiger Unternehmen, Frankfurt 1993

- Entscheidungsdezentralisation
- Bildung von selbständigen Unternehmenseinheiten (z.B. Profit-Center, SGE, Vertriebsinseln)
- Ouality-Circle.

Prozeßstruktur
- ganzheitliche Aufgabenerfüllung durch die Mitarbeiter
- Aufgabe der Strategie der weitgehenden Arbeitsteilung und funktionalen Spezialisierung
- abnehmende Standardisierung
- Prozeßorientierung.

Die sich hieraus ergebenden Strukturformeln für die Gebilde- und Prozeßstruktur sind ebenfalls identisch mit denen der Lean- Organization.

Zusammenfassung

Die Analyse der Lean Konzeptionen (Lean-Organization, Lean-Management[61], Lean-Structure) ergibt mithin das Ergebnis, daß diese letztendlich zu denselben organisatorischen Auswirkungen führen, nämlich zu schlanken Gebilde- und Prozeßstrukturen. Diese sind gekennzeichnet durch eine flache Organisationsstruktur (wenige Hierachiestufen, hohe Leitungsspannen), teamorientierte Aktionseinheiten (Fertigungsinseln, Vertriebsinseln, Qualitätszirkel, Projektteams), ganzheitliche Aufgabenerfüllung (Aufgabe der Strategie der weitgehenden Arbeitsteilung und funktionalen Spezialisierung) usw. Der Ausgangspunkt der Betrachtung ist nur jeweils ein anderer, nämlich das Management, die organisatorische Gestaltung bzw.die Organisationsstruktur. Die Ergebnisse sind aber zwangsläufig identisch, da das unternehmerische Handeln durch eine adäquate Organisationsstruktur unterstützt werden muß (Chandler: "Structure follows strategy").
Es muß aber festgestellt werden, daß in den vorstehenden Ausführungen "große Unternehmen" das Bezugsobjekt sind, nicht aber die kleinen und mittelständischen Unternehmen, die ca. 99% aller Wirtschaftsunternehmen in der BRD ausmachen und ca. 60% aller Erwerbstätigen beschäftigen. Dies ist darin begründet, daß die Veröffentlichungen sowohl mit theoretischem als auch mit praktischem Bezug sich fast ausschließlich auf große Unternehmen beziehen. Weiterhin ist festzustellen, daß die Lean-Konzeption als eine Zusammenfassung der folgend dargelegten Organisationsonzeptionen gesehen werden kann. D.h., die in den anderen modernen Organisationskonzeptionen in den Vordergrund gestellten Einzelaspekte im Hinblick auf den Abbau organisatorischer Defizite werden hier zusammengefaßt zu einem umfassenden Organisationskonzept. Im Vordergrund des Lean Konzeptes steht zwar die Rationalisierung

---

[61] Das Lean Management wird z.T. in den Darlegungen als übergeordneter Begriff verstanden, als eine Unternehmensphilosophie. vgl. Fleten, R.: Generaloffensive in der gesamten Wertschöpfungskette, in: Beschaffung aktuell, 9/93, S. 20

(Kostensenkung), diese ist aber nur erreichbar durch die Realisierung der in den anderen Organisationskonzeptionen im Vordergrund stehenden Einzelaspekte wie z.B. ganzheitliche Aufgabenerfüllung, Prozeßorientierung, Teambildung.

Ein weiterer Aspekt des Lean-Konzeptes besteht darin, die Voraussetzungen eines leistungsfähigen System nicht durch ein immer komplexer werdendes zu verwirklichen, sondern durch die Reduzierung der Komplexität auf ein erforderliches Mindestmaß. Das Unternehmen soll von allen überflüssigen Elementen, die die Komplexität erhöhen und nicht zum Kernbereich des Unternehmens zählen, bereinigt werden. Dieses wirkt sich dergestalt auf die Organisationsstruktur aus, daß sich die Zahl der Organisationseinheiten verringert, d. h..Verlagerung bisher in der Unternehmung erbrachter Leistungen wie Qualitätsprüfung, Fertigung von Bauteilen, Fort- und Weiterbildung, Bearbeitung von Rechts- und Patentfragen, Werbung und Öffentlichkeitsarbeit usw. auf dritte Unternehmen (Outsourcing). D.h., das Unternehmen konzentriert sich auf seine Kernbereiche.

5214 Gründe der Konzeptionsentwicklung

Ein Grund für die Entwicklung der Lean-Konzeptionen ist in der Antwort auf die erfolgreiche Unternehmenspolitik japanischer Unternehmen in den USA und Europa zu sehen. Ein weiterer ist in der Realisierung schon lang anstehender Rationalisierungsmaßnahmen, die aufgrund des sich verstärkenden Wettbewerbs infolge der Internationalisierung der Märkte (z.B. EG-Markt) für die Unternehmen von entscheidender Bedeutung sind, gegeben. In diesem Zusammenhang geht es auch um den Abbau organisatorischer Defizite.

Defizite der traditionellen Organisationsstrukturen (empirische Befunde)

Als Defizite der in der Praxis realisierten Strukturen großer Unternehmen werden insbesondere genannt:[62]
- unzureichende Marktorientierung
- inflexible Strukturen im Hinblick auf die sich dynamisch verändernden wirtschaftlichen und technologischen Verhältnisse
- reagierendes statt agierendes unternehmerisches Handeln infolge unangemessener Entscheidungszentralisation
- vorrangig hierarchisches Denken; die Folge sind viele Hierarchieebenen
- vorrangige Ergebnisorientierung, nicht Prozeßorientierung
- weitgehende Arbeitsteilung und funktionale Spezialisierung

---

[62] Vgl. u.a. Fleten, R.,a.a.O., S.20; Pankus, G.: Führung und schlankes Denken: Der Wettbewerb zwingt zum Umschalten, in: Gablers Magazin 4/1993, S. 13; Droege u. Comp.: Herausforderung Organisation - Perspektiven in Zeiten des strategischen Umbruchs, Ergebnisse der Befragung von 800 europäischen Unternehmen, in: Wirtschaftswoche Nr. 51, 17.12.93,S. 43 ff.

- vorrangige Sach-, geringe Personenorientierung (Organisation ad rem, nicht ad personam)
- Vernachlässigung positiver gruppendynamischer Effekte im Hinblick auf die Nutzung der Kreativität und Innovationspotentiale der Mitarbeiter
- Verbürokratisierung
- Überbetonung der Standardisierung.

Die Aufzählung der Defizite läßt sich noch verlängern. Die entscheidende Frage ist aber: Sind die feststellbaren Defizite auf eine unzureichende theoretische Durchdringung organisatorischer Sachverhalte zurückzuführen (Vorliegen ungelöster organisatorischer Problemstellungen) oder handelt es sich um eine unzureichende (fehlerhafte) Umsetzung organisationstheoretischer Konzepte in der Praxis ?

Gründe der feststellbaren Defizite

Die vorstehend aufgeführten organisatorischen Schwachstellen sind einerseits als realtypische, komplexe Mängel der Organisation zu verstehen, zu denen auch die Nichtbeachtung bewährter organisatorischer Grundsätze gehört.[63] Andererseits sind auch ungelöste organisatorische Problemstellungen als Gründe auszumachen. Zu den ersten sind die unzureichende und/oder die fehlende praktische Realisierung der folgenden in der Organisationstheorie bereits erarbeiteter Gestaltungskonzeptionen zu zählen:

- die Bildung von strategischen Geschäftseinheiten
- die Konzeption des Job enrichment (→ ganzheitliche Aufgabenerfüllung)
- die Konzeption der Bildung teilautonomer Gruppen (u.a. Fertigungsinseln, Vertriebsinseln, Cost-Center, Profit-Center)
- Teambildung
- Projektorganisation
- Organisationstyp "The Adhocracy" nach Mintzberg
- Entscheidungsdelegation der reinen, über- und umgreifenden Bereichsentscheidungen
- Mehrdimensionale Organisationsstrukturen (z.B. Matrix- und Tensororganisation)
- Vernetzung.

In einem umfassenderen Sinn ist zu dieser Gruppe auch die Nichtbeachtung des Zielsystems[64] sowie der Bedingungen der organisatorischen Gestaltung[65] zu zählen.Zum

---

63 Vgl. Blohm, A.: Organisation, Information, Überwachung, 3.Aufl., Wiesbaden 1976, S. 144
64 Zum Zielsystem der organisatorischen Gestaltung siehe: Welge, H./ Jansen, A.: Organisation, Kurseinheit 1, Ziele der organisatorischen Gestaltung, Fernuniversität Hagen 1983, S. 61/62
65 Zu den Bedingungen der organisatorischen Gestaltung, siehe: Kubicek, H.: Arbeitspapier Nr. 13/76, Institut für Unternehmensführung im Fachbereich Wirtschaft der Freien Universität Berlin, Berlin 1976

anderen sind als Gründe für die Schwachstellen u.a. auch die folgenden, zur Zeit noch ungelösten organisatorischen Problemstellungen zu nennen:

- die Bestimmung einer optimalen Leitungsspanne (→ damit die Bestimmung der Anzahl der erforderlichen Hierarchieebenen)
- die Ermittlung des Personalbedarfs für die Wahrnehmung von Führungs- und Fachaufgaben in einem Unternehmen
- die Bestimmung der Effizienz einer Organisationsstruktur (→ damit Auswahl der effizienten aus einer Anzahl alternativer Organisationsstrukturen).

Mithin kann festgestellt werden, daß die in der Praxis zu beobachtenden organisatorischen Schwachstellen in der Mehrzahl nicht nur auf einem organisationstheoretischen Defizit basieren, sondern in einer unzureichenden Berücksichtigung organisationstheoretischer Kenntnisse im Gestaltungsprozeß beruhen.

522 Kundenorientierte Organisation

"Der wichtigste heute vernachlässigte Managementgrundsatz ist wohl die Nähe zum Kunden, seine Bedürfnisse zu erfüllen und seinen Wünschen zuvorzukommen. Für allzu viele Unternehmen ist der Kunde zum lästigen Störenfried geworden; sein unberechenbares Verhalten wirft wohldurchdachte strategische Pläne über den Haufen, seine Handlungen bringen die EDV durcheinander, und obendrein besteht er auch noch hartnäckig darauf, gekaufte Produkte müßten funktionieren" (Lew Young, Chefredakteur der Business Week).

5221 Charakterisierung der Markt- und Kundensituation

Die dynamischen Entwicklungen der Märkte in den vergangenen Jahren können mit folgenden Schlagworten charakteriesiert werden:

- Wechsel vom Verkäufer- zum Käufermarkt
- abnehmende Differenzierungsmöglichkeiten für Produkte infolge sich ähnlich werdender Produkte, vergleichbarer Preise und ausgereifter Produkttechnologien
- Internationalisierung der Märkte durch Liberalisierung (europäischer Binnenmarkt, Gattabkommen).

Kundenseitig gehen damit einher:

- In die Entscheidung des Kunden im Hinblick auf den Kauf eines Produktes/einer Dienstleistung gehen zunehmend Aspekte wie psychologischer und emotionaler Zusatznutzen, Design, Verpackung, Prestige, Service wie auch das Image des ein Produkt / eine Dienstleistung anbietenden Unternehmens ein.

- Wahrnehmug der Individualität durch Differenzierung des gekauften Produktes/ Dienstleistung.

Diese Entscheidungskomponenten sind durch folgende Eigenschaften der Kunden bedingt:

- hoher Informationsgrad über Produkte und Dienstleistungen
- Begegnungsorientierung
- generelle bindungskritische Verhaltensweise
- Unberechenbarkeit und Sprunghaftigkeit des Verhaltens
- Sensibilität.

Die sich daraus ergebenden Strategien des Kunden müssen seitens des Unternehmens professionell reflektiert werden, d. h. , der Kunde muß seitens des Unternehmens

- in seiner Kaufentscheidung bestätigt
- begeistert
- für sein Vertrauen belohnt
- in seiner Souvärinität

unterstützt werden.

522 Organisatorische Gestaltung im Hinblick auf die Kundenorientierung

Die vorstehenden Orientierungspunkte muß das Unternehmen u.a. in der Gestaltung der Organisatinsstruktur als einen wichtigen Wettbewerbsfaktor berücksichtigen. In der traditionellen funktionalen Organisationsstruktur ist dies u.a. aufgrund folgender, diese kennzeichnenden Fakten

- tiefe hierarchische Gliederung (Vielzahl von Hierarchiestufen)
- Entscheidungszentralisation (geringe Entfaltungsmöglichkeiten der unteren Hierarchieebenen)
- lange Kommunikationswege bedingen Informationsverluste, -filterung und -manipulation
- zeitaufwendige und starre Entscheidungsfindung
- unternehmensinterne Sichtweise (Unternehmung → Markt)

nicht möglich.

Die ersten Ansätze der Gestaltung der Organisationsstruktur unter dem Aspekt der Kundenorientierung sind in der divisionalen Organisationsstruktur sowie in der Bildung von strategischen Geschäftseinheiten zu erblicken, da hier die " inside-out" durch die "outside-in" Orientierung der Organisationsstruktur teilweise ersetzt wird. Dieser

Paradigmawechsel ist aber im wesentlichen auf die Bildung der Aktionseinheiten (Stellen, Abteilungen, Bereiche) beschränkt unter weitgehender Beibehaltung der die traditionelle funktionale Organisationsstruktur kennzeichnenden Tatbestände wie hierarchisches Denken, tiefe hierarchische Struktur, Entscheidungszentralisation. Weiterhin bleibt die Prozeßstruktur von dieser Umorientierung weitgehend unbeeinflußt. Eine fundamentale Änderung der Organisationsstruktur ist somit nicht feststellbar.

Eine kundenorientierte Gestaltung der Organisationsstruktur verlangt, daß alle Funktionen des Unternehmens im Hinblick auf den Kunden gestaltet werden. Kundenkontakte dürfen daher nicht nur spezialisierten Aktionseinheiten - Werbung, Marketing, Vertrieb, Außendienst - zugewiesen werden.Die Kundenorientierung muß mithin Bestandteil der Unternehmenskultur werden. Unter der Unternehmnskultur ist dabei ein System von Wertvorstellungen, Verhaltensnormen sowie Denk- und Handlungsweisen, welche das Verhalten von Mitarbeitern aller Stufen und damit das Erscheinungsbild der Unternehmung (sowohl nach innen als auch nach außen) prägt, zu verstehen. Die kundenorientierte Organisationsstruktur muß daher folgenden Anforderungen genügen, die sich wie folgt gliedern lassen:

Nach außen gerichtete Anforderungen

Markt- und Wettbewerbsorientierung: Ausrichtung auf den Markt und Wettbewerb sowie Nähe zum Kunden ermöglichen, einschließlich der ggf. notwendigen Internationalisierung bis hin zur Globalisierung (Think global, act local).

Anpassungsfähigkeit und Flexibität : Sicherstellen der Aktionsfähigkeit der Unternehmung, zugleich aber die Anpassungsfähigkeit und Flexibilität erhöhen .

Innovationsfähigkeit : Entwicklung und Durchsetzung neuartiger Produkte, Dienste, Verfahren und Strukturen.

Nach innen gerichtete Anforderungen

Führungsprozeßeffizienz : Rasche, kostengünstige und gut fundierte Planung, Steuerung, Kontrolle und Koordination ermöglichen.

Human-Ressourcen-Orienierung : Qualifikation und Motivation des Managements und der Mitarbeiter ausschöpfen und weiterentwickeln, insbesondere selbständiges unternehmerisches Handeln fördern.

Finanz- und Sachressourcen-Effizienz: Effiziente Nutzung der finanzziellen, der mate-

	riellen Ressourcen und Kapazitäten (Rohstoffe, Maschinen, Technologien).
Geschäftsprozeß-Effizienz	: Effiziente Aufgabenerfüllung in allen Geschäftsprozessen (Operative und Unterstützungsprozesse)

Diese Anforderungen konkretisieren sich in folgenden Merkmalen der Organisationsstruktur:

- externe Netzwerkstrukturen zum Zwecke strategischer Allianzen sowie zur Durchführung und Unterstützung von Geschäftsprozessen
- flache Hierarchien(Verkürzung der Linien, Reduzierung der Anzahl der Ebenen) $\Rightarrow$ höhere Leitungsspannen
- Abbau bzw. Umbau von Zentraleinheiten
- Schaffung kleiner, beweglicher Aktionseinheiten mit delegierten Aufgaben (Dezentralisation von Entscheidungen)
- Partizipation der Mitarbeiter an Führungsaufgaben
- Schaffung einer erweiterten Selbständigkeit und Ergebnisverantwortung der Mitarbeiter
- Deregulierung und Entbürokratisierung
- Ergänzung der dauerhaften Basisstruktur um temporäre Einheiten (Projektteams, task forces)
- vielfältige Überlagerung der vertikalen Linien durch Prozeßstrukturen
- Berücksichtigung von Persönlichkeitsmerkmalen (Einstellungen, Motivation, Qualifikation) bei der Strukturierung (Organisation ad personam)
- stärkere Beachtung weicher Faktoren (Unternehmensphilosophie, Unternehmenskultur) neben den harten Faktoren (Strukturen, Systeme).

Vorraussetzung für diese Organisationsgestaltung sind Mitarbeiter, die kreativ, kommunikativ und kompetent ihre Aufgaben erfüllen. Dies bedingt fachliche, menschliche und entscheidungskompetente Mitarbeiter. Diese werden damit zum Humanvermögen der Unternehmung.

Wie die vorstehend aufgeführten Merkmale der kundenorientierten Organisationsstruktur erkennen lassen, finden diese ihren Niederschlag einerseits in den Lean-Konzeptionen und andererseits in den anschließend behandelten Konzeptionen der Geschäftsprozeßorganisation und der fraktalen Organisation. Es kann daher an dieser Stelle auf eine Darlegung der Strukformeln für die Gebilde- und Prozeßstruktur verzichtet werden.
Die Umsetzung der Kunden- und Wettbewerbsorientierung kann unter Umständen sehr langwierig sein. Die bestehenden Unternehmensstrukturen haben sich in Jahrzehnten aufgebaut und gefestigt. Die verkrusteten Strukturen hinsichtlich des Hierarchie-

aufbaus, der Führungsstile und der Denkschablonen der Mitarbeiter müssen in langwierigen Prozessen aufgebrochen werden. Man darf sich nicht der Illusion hingeben, die Einführung der Strategie der Kunden- und Wettbewerbsorientierung wäre ein leichtes Unterfangen.. Die entscheidende Komponente ist der Geist, d. h. , das Umdenken aller am Prozeß beteiligten Mitarbeiter. Es bedarf u.a. einer Änderung der traditionellen Entlohnungssysteme, um den Wegfall von Führungspositionen und Symbolen der Macht (Statussymbole) zu kompensieren. Es müssen neue Leistungsanreize geschaffen werden.

In diesem Zusammenhang sind folgende mögliche Problemfelder bei der Umstrukturierung zu beachten:

- Integration des mittleren Managements: Die Organisationsstrukturen und Hierarchien werden abgeflacht Viele Abteilungsleiter- und Bereichsleiterpositionen entfallen. Für diese Mitarbeiter müssen inhaltlich neue Aufgaben erarbeitet und andere Anreize zur Karriereentwicklung geschaffen werden.
- Sind die Mitarbeiter hinsichtlich der Strategie Kundenorientierung vorbereitet? Dieses Verständnis ist eine gundlegende Forderung.
- Sind die erweiterten Rahmen der Kompetenzen und Befugnisse für jeden Mitarbeiter erkennbar?
- Ist die Umstrukurierung übersichtlich oder erzeugt sie durch Komplexität und Unübersichtlichkeit Unsicherheit bei den Betroffenen?
- Werden die komplexen zusätzlichen Aufgaben von den Mitarbeitern als motivierend angesehen?
- Wie kann das Entlohnungssystem an die tatsächliche qualitative Leistung angepaßt werden?
- Wird der Umstrukturierungsprozeß von Teamgeist und Fähigkeit vieler Mitarbeiter getragen und nicht nur von einzelnen?
- Sind entsprechende Informations- und Expertensysteme für die kundenorientierten Organisationseinheiten ausreichend?
- Steht der Prozeß der Kundenorientierung im Einklang mit der Unternehmenskultur?
- Auswirkungen infolge entfallender Macht und Statussymbole.

Die Organisationsgestaltung unter dem Aspekt der Kundenorientierung wird in der Praxis bereits in den unterschiedlichen Branchen vollzogen, wie die folgenden Hinweise erkennen lassen:

Kundenorientierte Dienstleistungsorganisation (z .B. Softwareanbieter)

Die funktionalen Abteilungen wie Softentwicklung, Schulung, Kundenservice u. a. m. werden aufgesplittet und zu kundenorientierten Aktionseinheiten zusammengefaßt wie Hotel, Anwälte, Gemeinden, Einzelhandel usw..

Kundenorientierte Bankenorganisation

Die objektorientierten Aktionseinheiten Sparabteilung, Giroabteilung Hypotheken, Wertpapiere werden kundenorientiert umgestaltet in Aktionseinheiten für Industrie-, Handel- und Privatkunden.

Kundenorientierte Versicherungsorganisation

Umwandlung der funktionalen Aktionseinheiten Antragsbearbeitung, Beratung, Kundenkorrepondenz, Mahnwesen, Schadensbearbeitung spartenorientiert in Aktionseinheiten für Großkunden, Gewerbe, Privatkunden sowohl den Innen- als auch den Aussendienst betreffend.

523 Geschäftsprozeßorganisation

5231 Interpendenz zwischen Gebilde- und Prozeßstruktur

Die Unterscheidung in eine Gebilde- und Prozeßstruktur wird aus rein methodischen Gesichtspunkten vorgenommen. "Neben der Organisation des Betriebsaufbaues gibt es, streng genommen, keine besondere Organisation des Betriebsablaufes. Die Organisation des Betriebsaufbaues ...... stellt ja nur das Instrument dar, das den Betriebsablauf steuert und lenkt"[66]. Dies bedeutet, daß die organisatorische Gestaltung der Gebildestruktur untrennbar mit der Prozeßstruktur verbunden ist, d.h., es bestehen wechselseitige Beziehungen. Dies sei an folgendem Tatbestand aufgezeigt: Wird im Rahmen der Strukturdimension arbeitstechnische Spezialisierung die Strategie der weitgehenden Arbeitsteilung und funktionalen Spezialisierung durch den Grundsatz der ganzheitlichen Aufgabenerfüllung (Aufgabenerfüllung aus einer Hand) ersetzt, so werden damit die Strukturdimensionen der Gebildestruktur Spezialisierung (sachlich, formal: Aufgabenkomplexe der Aktionseinheiten werden inhaltlich umfangreicher gestaltet und beinhalten einen höheren Anteil von Entscheidungsaufgaben) und die Koordination (Zunahme der Selbstkoordination) grundlegend mitbestimmt. D.h., die Strukturdimensionen der Gebilde- und Prozeßstruktur müssen aufeinander abgestimmt werden. Vice versa übt die Ausprägung einer Strukturdimension der Gebildestruktur entsprechende Einflüsse auf die Strukturdimensionen der Prozeßstruktur aus. Welcher Einfluß bestimmend ist, ist davon abhängig, ob der Gebilde- oder der Prozeßstruktur ein Primat zugewiesen wird[67]. Dies ist zeit- und unternehmensabhängig. Im Rahmen der traditionellen Organisationsgestaltung standen u.a. folgende Gestaltungsziele im Vordergrund:

---

[66] Gutenberg, E., Grundlagen der Betriebswirtschaftslehre, I Bd., Die Produktion 4. Aufl., Berlin-Göttingen 1958, S. 188
[67] Vgl. Scholz,R., Geschäftsprozeßoptimierung, Bergisch-Gladbach / Köln 1993, S. 166 ff.; Gaitonides, M., Prozeßorganisation, München 1993, S. 123 ff.

- hierarchische Strukturierung der Unternehmen (Top-down Sicht)
- Strategie weitgehender Arbeitsteilung und funktionaler Spezialisierung
- autoritärer Führungsstil
- strenge Kontrolle des Unternehmens durch das Management (Fremdkontrolle)
- klare Abgrenzung von Verantwortungsbereichen und deren Zuordnung auf wenige leitende Mitarbeiter des Unternehmens
- Einsatz der Stellenbeschreibung als ein wesentliches Führungsinstrument (Harzburger Modell)

Die Gestaltungsziele führten dazu, daß der Gebildestruktur (Aufbauorganisation) das Primat zugewiesen wurde. Daneben wurde aber bereits in Einzelfällen der Prozeß-sruktur eine Priorität zugewiesen, z.B. im Rahmen des Projektmanagements.

5232 Charakterisierung der Geschäftsprozeßorganisation

Unter einem Geschäftsprozeß werden die Tätigkeiten/Verrichtungen zur Erstellung von Produkten/Dienstleistungen subsumiert, "die in einem direkten Zusammenhang miteinander stehen und in ihrer Summe den betriebswirtschaftlichen, produktions-technischen, verwaltungstechnischen und finanziellen Erfolg des Unternehmens be-stimmen"[68]. Solche Geschäftsprozesse, z.T. auch als Kernprozesse bezeichnet, sind u.a. Auftragsbearbeitung, Produktentwicklung, Reklamationsbearbeitung, Kunden-akquisition, Bestellwesen, Einkaufsabwicklung, Erfolgskontrolle. Unter der Geschäfts-prozeßorganisation ist folglich die organisatorische Gestaltung der Geschäftsprozesse zu verstehen, d.h., eine Organisationsgestaltung, "in der die Stellen- und Abteilungs-bildung unter Berücksichtigung spezifischer Erfordernisse des Ablaufs betrieblicher Prozesse im Rahmen der Leistungserstellung und -verwertung konzipiert werden"[69]. Dies bedeutet eine integrative Sicht von Gebilde- und Prozeßstruktur. Dem Geschäfts-prozeß wird in der organisatorischen Gestaltung das Primat zugewiesen (Paradig-mawechsel). Dies führt in der extremsten Form zu der Aussage: "Alles ist Prozeß"[70].

Die Analyse der Aussagen in den Beiträgen zum Thema Geschäftsprozeßorganisation führt zu den Ergebnissen:
1. Im Bereich der Management-, Büro- und Verwaltungstätigkeiten, die durch hohe Fixkosten gekennzeichnet sind, soll durch den Einsatz moderner Informations- und Kommunikationstechniken die Produktivität erhöht werden. Dabei findet ein Wechsel von der funktional zu einer objektorientierten Organisationsgestaltung statt. Das Objekt ist hierbei der Geschäftsprozeß.

---

[68] Striening, H.-D., Prozess-Management, Frankfurt a.M., 1988, S. 57
[69] Bürgel, H.D., Gentner, A., Phasenübergreifende Integration zur Steuerung der Entwicklungs- und Anlaufphasen bei Serienprodukten- Prozeßmanagement und Überleitungsphasen, in: Hansen, R.A., Kern, W., Integrationsmanagement für neue Produkte, ZfbF Sonderheft 30, 1992, S. 71
[70] Kläger, W., Hoffmann, J., Lean Production- Fat Office, in: Office-Management, 3/1993, S. 37

2. Optimierung der Geschäftsprozesse durch die Verwirklichung folgender Zielsetzungen:
" - Die Anzahl der an der Prozeßdurchführung beteiligten Personen bzw. Funktionsbereiche soll minimiert werden. [integrierte prozeßorientierte Vorgangsbearbeitung,
der Verf.].
- Schnittstellen zwischen den einzelnen Funktionsbereichen sind zu beseitigen oder
zumindest zu verbessern.
- Innerhalb der Geschäftsprozesse sind einheitliche Ziel- und Erfolgskriterien zu eta-
blieren.
- Für jeden Prozeß ist eine eindeutige Verantwortlichkeit vorzusehen.
- Die Basis für die eindeutige Zurechenbarkeit der Kosten zu den Geschäftdprozes-
sen ist klarzustellen (Prozeßkostenrechnung).
- Kontrollen sind im geringst möglichen Ausmaß vorzusehen."[71]

3. Entwicklung eines Workflow- und Dokumenten-Managements auf der Basis der Bü-
rokommunikationssoftware wie Textverarbeitung, Electronic Mail, Tabellenkalkula-
tion, Terminkoordination, Dokumentenablage, usw. Die sich ergebenden Vorgangssteuerungssysteme bedingen leistungsfähige multifunktionale Arbeitsplätze.

Parameter der Geschäftsprozeßorganisation

Diese vorstehenden Aussagen lassen klar erkennen, das die im Punkt 23 dargelegten
Parameter der Prozeßstruktur im Rahmen der Geschäftsprozeßorganisation weiterhin
der Gegenstand der Organisationsgestaltung sind. Eine Gewichtsverlagerung hat im
Hinblick auf den Sachmitteleinsatz (Arbeitsunterlagen, moderne I- und K-Techniken)
und daraus folgend der arbeitstechnischen Spezialisierung stattgefunden. Eng mit
dieser Gewichtsverlagerung ist die Frage nach der normierenden Wirkung der Technik
für die organisatorische Gestaltung verbunden. Diesbezüglich sind in der Literatur
widersprüchliche Aussagen festzustellen, wie die folgenden Zitate belegen:
"Reengineering beinhaltet auch ein neues Verständnis der Informationstechnologie
......IT ist nicht als Mittel zur Automatisierung zu verstehen. Auch die Analyse bestehender Organisationsprobleme und eine darauf aufbauende Suche nach technischen
Lösungen entspricht nicht dem Verständnis von IT im Rahmen von Reengineering
Projekten. Die Rolle der IT ist die eines "Enabling Factors", der Reengineerring erst
ermöglicht."[72]"Dies kommt einer Ablösung des Organisationsparadigmas, Organisa-
tion vor Technik, gleich"[73].

---

71 Krickl, O., Business Design, Prozeßorientierte Organisationsgestaltung und Informationstechnologie, in: Krickl, O., Geschäftsprozeßmanagement, Heidelberg 1994, S. 28 ff
72 Krickl, O., a.a.O., S. 23; vgl. auch Bühner, R., Betriebswirtschaftliche Organisationslehre, 5. Aufl.,
München 1991, S. 316
73 Kraus, H., Historische Entwicklung von Organisationsstrukturen- Ursache für die Notwendigkeit
neuer Organisationskonzepte, in: Krickl, O., a.a.O., S. 12

Es ist aber auch die Aussage auffindbar: "Die Technik verliert in der Tendenz ihre normierende Wirkung für organisatorische Lösungen und wird wieder zu dem, was sie eigentlich sein sollte: ein Organisationsmittel".[74]

Auswirkungen auf die Prozeßstruktur

Die Auswirkungen des Konzeptes der Geschäftsprozeßorganisation auf die Prozeß-struktur (Ablauforganisation) lassen sich wie folgt formulieren:[75]

- Anstelle der weitgehenden verrichtungsorientierten Spezialisierung der Mitarbeiter und einer hohen Arbeitsteilung tritt die ganzheitliche Aufgabenerfüllung (Aufgaben-erfüllung aus einer Hand). Dies beinhaltet u.a. den Tatbestand des Job-Enrichement.
- Reduktion von Kontrolltätigkeiten (Fremdkontrolle).
- Verkürzung der Durchlaufzeiten, insbesondere der Komponenten Liege- und Trans-portzeiten.
- Erhöhung der zeitlichen Abstimmung der einzelnen Tätigkeiten / Verrichtungen innerhalb eines Aufgabenerfüllungsprozesses (Geschäftsprozesses).
- Einrichtung multifunktionaler Arbeitsplätze.
- Kundenorientierte Aufgabenerfüllung.
- Schaffung eines Prozeßsteuerungsstandes im administrativen Bereich, vergleichbar mit einem Fertigungssteuerungsstand.

Wie ersichtlich ist, sind diese Auswirkungen eine Folge der spezifischen Aus-prägungen der Strukturdimensionen der Prozeßstruktur. Aufgrund vorstehender Tat-bestände ergibt sich folgende Strukturformel für die Prozeßstruktur:

$$P_g = \{A_g, R_m, Z_i\}$$

P_g = Prozeßstruktur der Geschäftsprozeßorganisation
A_g = ganzheitliche Aufgabenerfüllung
R_m = multifunktionale Arbeitsplätze
Z_i = zeitliche Integration der Verrichtungen (geringe Liege- und Transport-zeiten)

Auswirkungen auf die Gebildestruktur

Die vorstehend dargelegten Ausprägungen der Parameter der Prozeßstruktur finden ih-ren adäquaten Niederschlag in den Strukturdimensionen der Gebildestruktur (Auf-bauorganisation). Dieser Tatbestand kann wie folgt tabellarisch dargestellt werden.

[74] Erdl, G., Schönecker, G., Vorgangssteuerungssysteme im Überblick, in: Office Mangement, 3/1993, S. 14; siehe auch Kraus, H., a.a.O., S. 12
[75] vgl. Metken, M., Prozeßorientierte Organisationsoptimierung, in: Office Management, 3/1993, S. 6ff.

Abb. 52: Ausprägungen der Strukturdimensionen der Gebildestruktur bei Realisierung der Geschäftsprozeßorganisation[76]

Strukturdimension	*Ausprägungen*
Spezialisierung	• sachliche : objektorientiert (Geschäftsprozeß) • formale: Entscheidungsdelegation, hoher Partizipationsgrad
Koordination	• wenige persönliche Anweisungen • hoher Selbstkoordinationsgrad • niedrige strukturelle Koordination • mittel bis hohe technokratische Koordination, Programmierung, Regelkreis
Konfiguration	• hohe Leitungsspanne • geringe Anzahl von Hierarchieebenen (flache Organisation) • geringe Anzahl von Unterstützungseinheiten (u. a. Stäbe)

Die vorstehenden Ausprägungen der Strukturdimensionen der Gebildestruktur ergeben folgende Strukturformel:

$$G_g = \{ S_o, S_d, K_{s/p}, K_{e/f} \}$$

G_g	=	Gebildestruktur der Geschäftsprozeßorganisation
S_o	=	sachliche Spezialisierung objektorientiert (Geschäftsprozeß)
S_d	=	Entscheidungsdelegation, Partizipation
$K_{s/p}$	=	Selbstkoordination, Programmierung, Regelkreise
$K_{e/f}$	=	Einliniensystem, flache Hierarchie (wenige Hierachiestufen)

Dieses Profil der Gebildestruktur entspricht dem der Konzeptionen Lean-Structure, Lean-Organization und der Vertrauensorganisation (nach Bleicher).
Die Veränderung der Gestaltungsziele, z.B. Ersetzung der weitgehenden Fremdkontrolle durch eine erhöhte Selbstkontrolle, Strategie der ganzheitlichen Aufgabenerfüllung, Entscheidungsdelegation, Teambildung führen dazu, daß in den Gestaltungskonzeptionen prozeßorientierte Organisation, Geschäftsprozeßorganisation, Business

---

[76] vgl. Metken, M., a.a.O., S. 6 ff; Krickl, O., a.a.O., S. 33; Scheff, J., Business Redesign, in: Krickl, O., Geschäftsprozeßmanagement, a.a.O., S. 55 ff

Redesign, Workflow-Management der Gestaltung der Prozeßstruktur das Primat zugewiesen wird.

524 Fraktale Organisation

Als zur Zeit "neueste" Organisationskonzeption ist die fraktale Organisation anzusehen.[77] Bei dieser Konzeption geht es wie bei den in den Punkten 521, 522 und 523 dargelegten Organisationskonzeptionen um die Gestaltung einer effizienten Struktur, d.h. der Entkoppelung des magischen Dreiecks Kosten, Zeit und Effizienz im Rahmen des Aufgabenerfüllungsprozesses. Es stellt sich mithin die Frage, in wieweit diese als eine grundlegend neue Konzeption oder als eine konsequente Fortschreibung der vorher dargelegten Formen der Organisationsgestaltung anzusehen ist. Dies beinhaltet auch die Fragestellung nach der Kombinierbarkeit mit den vorstehend dargelegten Gestaltungsalternativen.
Der Begriff Fraktal ist aus der Mathematik entnommen.Er findet Verwendung in der mathematisch-geometrischen Beschreibung selbstorganisierender Systeme der Natur. Es werden komplexe Strukturen detailliert dargestellt (verfeinerte Auflösung), wobei deren Aufbau weitgehend unverändert bleibt. "Das bedeutet, jedes Teil enthält im wesentlichen alle Elemente des Ganzen."[78] Die Fraktale sind weitgehend selbständig agierende Einheiten, die selbstorganisierende Eigenschaften besitzen.

"Fraktale sind ein gutes Modell für die Selbstähnlichkeit von Strukturen und die Selbstorganisation von Systemen und deren Subsysteme und damit letztlich auch für die ... neue Organisationsform von Unternehmen."[79] Fraktale Organisation bedeutet dann Gliederung des Unternehmens in Fraktale, d.h., in selbständig agierende Organisationseinheiten.[80] Diese Organisationseinheiten können als Unternehmen im Unternehmen angesehen werden. Sie sind durch folgende Merkmale charakterisiert:[81]

- Sie weisen eine ähnliche Struktur auf.
- Unternehmensziele sind Maßstab ihres Handelns.
- Selbstorganisation und -optimierung, d.h. Aufbau und Prozesse innerhalb und ausserhalb der Organisationseinheit werden stetig verbessert.
- Dynamik und Anpassungsfähigkeit; situative Veränderung führen zu Strukturanpassungen.
- Selbstbestimmter Zugriff nach Art und Umfang auf Informationen im Rahmen des

---

[77] siehe Warneke, H.-J., Revolution der Unternehmenskultur, Berlin 1993
[78] Dobrek, R., Abele, U., Bacher, S., Motivation in der Fraktalen Fabrik, in: Office Mangement, Heft 7/8, 1994, S. 8
[79] Rossa, G., Soll, R., Dissiativ - Controlling in Versicherungsunternehmen, in : Versicherungswirtschaft, Heft 3/1994, S. 170
[80] vgl. Warneke, H.-J., Revolution der Unternehmenskultur, Berlin,1993
[81] vgl. Drobek, R., Abele, U., Bacher, S., a.a.O., S. 8

vernetzten Informations- und Kommunikationssystems aller Organisationsein-
heiten .
* Mitarbeiter der Organisationseinheiten weisen eine hohe fachliche und soziale
Qualifikation auf.

Das Zusammenwirken der selbständig agierenden Organisationseinheiten erfolgt über
das vernetzte Informations- und Kommunikationssystem, das zwischen den Fraktalen
besteht. Ihre Ausrichtung auf die Zielsetzung des Unternehmens erfolgt über die Formulierung strategischer Erfolgsfaktoren, die aus der Unternehmenszielsetzung für jede
Organisationseinheit abgeleitet werden. Diese Ableitung vollzieht sich in einem dynamischen Zielbildungsprozeß zwischen den Führungskräften des Unternehmens. Dieser
Prozeß führt zu von den einzelnen Organisationseinheiten/Fraktalen akzeptierten strategischen Erfolgsfaktoren, die ihr Handeln bestimmen. In Bezug auf diese strategischen Erfolgsfaktoren sind folgende Aspekte zu berücksichtigen:

"1. Die Zielwerte sind mit den Mitarbeitern gemeinsam zu erarbeiten. Sie müssen ein
   reales Erfolgspotential widerspiegeln.
 2. Um eine Unterbewertung zu vermeiden, sind deshalb bestimmte Normwerte als
    Ausgangspunkt zu nutzen. Insbesondere ist so festzulegen, daß eine Unterschrei-
    tung eine deutliche meßbare Fehlleistung dargestellt.
 3. Die Zielwerte sind keine starren unveränderlichen Normen. Sie sollen situations-
    bedingt und personenbezogen veränderbar sein.
 4. Die Zielwerte umfassen den Normalwert-Korridor. Ein Bereich, der die normalen
    Schwankungen des Strategischen Erfolgsfaktors umfaßt und keine externe Nach-
    richt bewirkt"[82]

Dies bedingt eine eindeutige Quantifizierung der Strategischen Erfolgsfaktoren.

Die vorstehenden Ausführungen lassen erkennen, daß eine fraktale Organisation die
charakteristischen Merkmale der Lean Organization beinhalten. Über die Basis der Bildung der Organisationseinheiten/Fraktale - ob die zugrundeliegenden Aufgabenkomplexe funktions- oder objektorientiert gebildet werden - wird keine Aussage getroffen.
Es ist naheliegend, daß die Geschäftsprozeßorganisation in Form der fraktalen
Organisation gestaltet wird. Denn die fraktale Organisation beinhaltet die Bildung von
selbständig agierenden Organisationseinheiten innerhalb eines Unternehmens und
deren Verknüpfung über ein System konsistenter strategischer Erfolgsfaktoren. Die
Zielsetzung dieser Konzeption ist vorrangig darin zu sehen, die in vielen Unternehmen
zur Ineffizienz führende vorhandene Regeldichte und den vorhandenen Formalismus
zu beseitigen und die Human-Ressourcen insbesondere durch eine erhöhte Motivation
der Mitarbeiter im vollen Umfange zu aktivieren.

---

[82] Rossa, G., Soll, R., a.a.O., S. 173

525 Vergleichende Gegenüberstellung

Nach der Darstellung der unterschiedlichen Formem der modernen Organisations-konzeptionen ist es nunmehr erforderlich, folgende Fragen zu beantworten:

1. Weisen die unterschiedlichen Formen der modernen Organisationskonzeptionen gravierende Unterschiede auf und worin sind diese gegebenenfalls zu sehen ?
2. Wie wirken sich die feststellbaren Unterschiede in den Strukturdimensionen der Gebilde- und Prozeßstruktur aus ?
3. Sind die modernen Organisationskonzeptionen als neuartig zu bezeichnen oder stellen sie eine folgerichtige Weiterentwicklung der traditionellen Organisationskonzeptionen dar ?

Basis der Beantwortung der vorstehenden Fragestellungen ist die nachfolgende Tabelle, in der in Bezug auf die einzelnen Organisationskonzeptionen die Orientierung sowie die Stukturparameter der Gebilde- und Prozeßstruktur einander gegenübergestellt werden. Unter dem Kriterium Orientierung soll die Zielsetzung subsumiert werden, unter der die jeweilige Konzeption entwickelt worden ist.

Abb. 53 Vergleichende Gegenüberstellung der modernen Organisationskonzeptionen

Konzeptionen — → Vergleichs- ↓ kriterien	Lean-Konzep- tionen (Lean- Organization, Lean Manage- ment,Lean- Structure)	Kundenorien- tierte Organi- sation	Geschäftspro- zeßorganisation	Fraktale Organisation
Primäre Orientierung	Rationali- sierung(in-side Orientierung), Primat der Ge- bildestruktur	Kundenorien- tierung(out- side Orien- tierung),Primat der Gebilde- struktur	Geschäfts- prozesse(out- side Orientie- rung),Primat der Prozeß- struktur	eigenständige Aktionseinhei- ten (Fraktale), Ergänzung des Primats der Prozeßstruktur

Ausprägung der Strukturdimensionen				
Gebildestruktur				
Spezialisierung				
-formal	Entscheidungsdezentralisation	Entscheidungsdezentralisation	Entscheidungsdezentralisation	
-sachlich	funktional-/objektorientiert	objektorientiert(Kunden/-gruppen)	objektorientiert(Geschäftsprozeß)	Merkmale der Lean-Konzeptionen mit besonderer Betonung des selbständigen Agierens der gebildeten Aktionseinheiten(Fraktale)
Koordination	hoher Grad der Selbstkoordination	Selbstkoordination	Selbstkoordination	
Konfiguration	Einliniensystem mit hohen Leitungsspannen	flache Hierarchie (hohe Leitungsspannen)	flache Hierarchie(hohe Leitungsspannen)	
Prozeßstruktur				
arbeitstechnische Spezialisierung	ganzheitliche Aufgabenerfüllung		ganzheitliche Aufgabenerfüllung	
Ort	multifunktionale Arbeitsplätze	⎫ keine speziellen Aussagen ⎭	multifunktionale Arbeitsplätze	⎫ keine speziellen Aussagen ⎭
Zeit	zeitliche Integration der Verrichtungen		zeitliche Integration der Verrichtungen	

Aufgrund der vergleichenden Gegenüberstellung lassen sich die Fragen wie folgt beantworten:
Die unterschiedlichen Konzeptionen weisen in ihrer Orientierung einen gravierenden Unterschied auf und zwar im Hinblick auf das Primat der Gebilde- bzw. Prozeßstruktur. Lean- und kundenorientierte Organisation sind primär Gebildestruktur , die Geschäftsprozeßorganisation und die fraktale Organisation primär Prozeßstruktur orientiert. Da aber die Gebilde - und Prozeßstruktur zirkulare Interdependenzen

aufweisen, d. h. , sich ihre Strukturparameter in ihren Ausprägungen gegenseitig beeinflussen bzw. bedingen, stimmen die in der vergleichenden Gegenüberstellung dargelegten Ausprägungen der Strukturdimensionen bis auf die sachliche Spezialisierung überein. Lean- Konzeptionen und fraktale Organisation lassen eine funktionale oder eine objektorientierte Spezialisierung zu, während die kundenorientierte und die Geschäftsprozeßorganisation eine objektorientierte Spezialisierung verlangen.

Die modernen Organisationskozeptionen sind als eine konsequente Weiterentwicklung der traditionellen funktionalen Organisationsstruktur zu betrachten, da die Strukturparameter der Gebilde- und Prozeßstruktur weiterhin Gegenstand der organisatorischen Gestaltung bleiben. Sie finden nur eine andere Ausprägung entsprechend der sich im Zeitablauf verändernden Zielsetzung und Gestaltungsbedingungen.

53 Entwicklung der Konzeptionen

In den folgenden Ausführungen sollen die Ursachen für die Entwicklung der unterschiedlichen Organisationskonzeptionen dargestellt sowie die sich daraus ergebenden Entwicklungstendenzen aufgezeigt werden.

531 Ursachen der Entwicklung

Bei den Ursachen für die Entwicklung der neuen Organisationskonzeptionen kann zwischen endogenen und exogenen unterschieden werden. Als exogene sind u.a. zu nennen:

- Globalisierung der Märkte
- sich verschärfender Wettbewerb infolge der Internationalisierung der Märkte
- steigende Qualitätsanforderungen an Produkte und Dienstleistungen
- differenzierte Kundenforderungen (Problemlösungen anstelle von Produkten / Dienstleistungen)
- Entwicklung neuer Informations- und Kommunikationstechniken.

Der Gruppe der endogenen Ursachen können folgende Fakten zugeordnet werden:

- steigende Komplexität der Unternehmensprozesse (Aufgabenerfüllungsprozesse)
- Ineffizienz der Aufgabenerfüllungsprozesse durch hohe Regelungsdichte und Formalismus
- inhaltsleere Arbeiten der Mitarbeiter
- mangelnde Motivation der Mitarbeiter
- hoher Verwaltungsaufwand
- fehlender Leistungsbezug

- hohe Durchlaufzeiten infolge vielstufiger Entscheidunsprozesse und dadurch bedingter hoher Liegezeiten
- Wachstum der Unternehmen.

Die endogenen Faktoren führten im Zusammenhang mit den exogenen dazu, daß die Unternehmen inflexibel wurden. Sie verloren ihre Aktionsfähigkeit, d.h. an die Stelle des Agierens trat das Reagieren (Stabilität führte zur Starrheit).

532 Entwicklungstendenzen

Die vorstehend aufgeführten endogenen und exogenen Faktoren fanden in der Organisationsgestaltung mit dem Wachsen der Erkenntnis zunehmend Berücksichtigung, daß die Organisationsstruktur als ein wesentlicher Erfolgsfaktor für das Unternehmen anzusehen ist. D.h., die Organisationsstruktur wird zunehmend zu einem entscheidenden Element der strategischen Unternehmensführung. Dies hatte zur Folge, daß die zeitlich aufeinander folgenden unterschiedlichen Organisationskonzeptionen mit zunehmenden Gewicht diesen Aspekt berücksichtigten. Dies wird bereits erkennbar in der Konzeption der divisionalen Organisationsstruktur. Die Marktbezogenheit wird in der Bildung von Divisionen/Sparten berücksichtigt. Der Aspekt eigenverantwortlich tätiger Organisationseinheiten findet in Form der Bildung von Cost-Centern, Profit-Centern, Investment-Centern und strategischen Geschäftseinheiten Berücksichtigung. In den letzteren Formen ist bereits der Ansatz zur Bildung von Fraktalen im Unternehmen zu sehen.

Die zunehmende Ineffizienz der Unternehmen aufgrund der steigenden Kosten vor allem im administrativen Bereich als Folge einer hohen Regelungsdichte und einer weitgehenden Formalisierung führte zur Konzeption der Lean-Organization. Die Lean-Organization ist insbesondere im Hinblick auf die Beseitigung der organisatorischen Schwachstellen im Unternehmen zu sehen. Diese mehr nach innen gerichtete Gestaltungskonzeption wurde dann ergänzt durch die Verstärkung des marktbezogenen Aspektes in Form der Geschäftsprozeßorganisation. Dies beinhaltet zugleich eine grundsätzlich veränderte Gewichtung der beiden Elemente der Organisationsstruktur. Der Prozeßstruktur wurde nun im organisatorischen Gestaltungsprozeß das Primat zugewiesen, bedingt auch durch den Einsatz moderner Informations- und Kommunikationstechniken. Die wachsende Komplexität der Unternehmensprozesse sowie die zunehmende Zahl der exogenen Einflußfaktoren und ihres Gewichts verlangten nach einer Möglichkeit, daß Unternehmen auch weiterhin zielorientiert steuern zu können. Im Hinblick auf diesen Aspekt wurde das Konzept der fraktalen Organisation entwickelt, das die Konzeption der Geschäftsprozeßorganisation sinnvoll ergänzt.

Zusammenfassung

Aufgrund der vorstehenden Ausführungen ist die Schlußfolgerung zulässig, daß die diskutierten unterschiedlichen modernen Organisationskonzeptionen eine in sich schlüssige Entwicklung in Abhängigkeit von den jeweils relevanten endogenen und exogenen Faktoren darstellen. Der augenblickliche Stand der Entwicklung ist die Geschäftsprozeßorganisation in Form einer fraktalen Organisation. Aufgrund dieser Feststellung können nun auch folgende Aussagen getroffen werden:

1. Die Fraktale Organisation ist nicht als eine grundlegend neue Organisationkonzeption anzusehen, sondern als eine folgerichtige Weiterentwicklung bzw. Ergänzung bereits bestehender Konzeptionen.
2. Die Unternehmen haben ihre Organisationsstruktur in Richtung einer fraktalen Geschäftsprozeßorganisation zu entwickeln, um die Effizienz der Unternehmensorganisation zu erhöhen.

Diese Entwicklung ist entscheidend von der Größe des Unternehmens sowie dem Gewicht der endogenen und exogenen Faktoren abhängig. D.h., die fraktale Geschäftsprozeßorganisation wird insbesondere für größere mittelständische und Großunternehmen relevant, die auf dynamischen globalen Märkten agieren.

Zwischen der Entwicklung der Organisationskonzeptionen und deren praktischer Umsetzung ist aber eine erhebliche Diskrepanz festzustellen. Dies bestätigt auch eine Studie, die aufzeigt, daß 74 Prozent von befragten 800 europäischen Unternehmen für flexible, teamorientierte Strukturen votieren, aber nur 4 Prozent diese eingeführt haben. 76 Prozent erkennen die Vorteile durchgängiger Geschäftsprozesse an, aber nur 4 Prozent wollen weg vom Ressortdenken und für 46 Prozent ist Kundennähe kein zentrales Organisationsziel[83]

In deutschen Unternehmen wird z.Zt. noch vorrangig die Frage diskutiert, ob Reengineering ein geeigneter Ansatz ist, um die anstehenden Probleme und Herausforderungen zu lösen [84].
Weiterhin gilt es zu beachten, daß in den theoretischen Erörterungen als auch in den veröffentlichten Erfahrungsberichten und empirischen Untersuchungen in erster Linie Großunternehmen Berücksichtigung finden. Informationen im Hinblick auf die Umsetzung der "neuen" Organisationskonzeptionen in kleinen und mittelständischen Unternrehmen fehlen fast gänzlich.

Aufgrund der Ergebnisse der emprischen Untersuchung bezüglich der Gestaltung der Organisationsstruktur, die im Punkte 33 der vorstehenden Ausführungen ausführlich

---

83 Bullinger, H. - J., Roos, A., Wiedemann, G., Amerikanisches Business Reengineering oder japanisches Lean Management, in: Office-Management, 7/8 1994, S. 14
84 Bullinger, H.-J., Roos, A., Wiedemann, G., a.a.O., S. 14

dargelegt wurden, und der Analyse der modernen Organisationskonzeptionen wird in den folgenden Ausführungen die Beanwortung der Frage im Vordergrund stehen, welche Handlungsempfehlungen bezüglich der effizienten Orgaisationsgestaltung mittelständischer Unternehmen formuliert werden können.

6 Zukunftsorientierte Organisationsgestaltung mittelständischer Unternehmen

Den folgenden Ausführungen wird als ein gedanklicher Hiweis folgende Aussage des " erfolgreichen " japanischen Unternehmers Konosuke Matsushita vorangestellt: " Wir werden gewinnen, und der industrielle Westen wird verlieren. Für Euch besteht das Management darin, die Ideen aus den Köpfen der Manager in die Köpfe der Mitarbeiter zu bringen. Wir hingegen sind jenseits des Taylorismus. Wie wissen, daß das wirtschaftliche Umfeld heute so komplex und schwierig, zunehmend unvorhersehbar und gefährlich ist, daß das Überleben des Unternehmens letztlich von von der Aktivierung des letzten Gramms von Intelligenz abhängen wird. Nur bei der Nutzung der kombinierten Denkleistung aller Mitarbeiter kann sich ein Unternehmen den Turbulenzen und Zwängen erfolgreich stellen und überleben."[85]

Diese Aussage trifft nicht nur für goße Unternehmen zu, sondern gilt gleichermaßen auch für mittelständische Unternehmen. Dies bedeutet, daß die Organisationsgestaltung nicht mehr allein zu sehen ist in der " Optimierung " der Gebilde - und Prozeßstruktur des bestehenden Organisationssystems von innen heraus, sondern daß insbesondere der Berücksichtigung des Marktes ein hohes Gewicht beigemessen werden muß. Dies findet in den drei folgenden Aspekten seinen Niederschlag.

Aspekt Zeit   : kürzest mögliche Zeitspanne für die Erfüllung der Kundenanforderungen
Aspekt Qualität : bestmöglicher, umfassender Kundenservice
Aspekt Kosten : kostengünstige Bereitstellung der von den Kunden benötigten Produkte und Dienstleistungen

Die Sicherstellung dieser drei Aspekte ist durch eine entsprechende Organisationsgestaltung im größtmöglichen Umfang zu gewährleisten.
In den folgende Ausführungen wird dargelegt, wie die Organisationsstruktur mittelständischer Unternehmen unter Berücksichtigung der empirischen Untersuchungsergebnisse 1995 und deren Vergleich mit denen 1983 sowie der im Rahmen der modernen Organisationskonzeptionen entwickelten Organisationsmaßnahmen zukünftig zu gestalten ist.

61 Grundlagen

611 Relevanz der Ursachen moderner Organisationskonzeptionen

Wie bereits im Punkte 5 dargelegt wurde, können die Ursachen für die Entwicklung der modernen Organisationskonzeptionen in exogene und endogene unterschieden werden. Im Hinblick auf die Beurteilung der Relevanz dieser Faktoren für die mittel-

---

[85] zitiert nach Enders, M., Entwicklungslinien in der Bankenorganisation, in: Die Bank, 1/ 1994, S. 9

ständischen Unternehmen gilt es zu beachten, daß die modernen Organisations-konzeptionen vorrangig im Hinblick auf große Unternehmen konzipiert wurden. Zu den exogenen Ursachen sind zu zählen:

- Globalisierung der Märkte
- steigende Qualitätsanforderungen an Produkte und Dienstleistungen
- differenziertere Kundenanforderungen (⇒ Problemlösungen)
- wachsender Wettbewerb
- verändertes Kundenverhalten
- Verkürzung der Produktlebenszyklen
- dynamische technologische Entwicklungen
- Verteuerung des Faktors Arbeit (insbesondere steigende Lohnnebenkosten)
- Entwicklung neuer Informations - und Kommunikationstechniken.

Diese vorstehend aufgeführten exogenen Ursachen sind im vollem Umfang auch für die mittelständischen Unternehmen relevant, wenn auch mit einer unterschiedlichen Gewichtung für das einzelne Unternehmen. Dies bedeutet, daß diese Sachverhalte in der Organisationsstruktur ihre Berücksichtigung finden müssen, um zur Sicherung der Existenz des Unternehmens beizutragen.

Die endogenen Ursachen werden insbesondere in den organisatorischen Defiziten der traditionellen Organisationskonzepte im Hinblick auf die durch die vorstehend aufge-führten Aspekte gekennzeichnete Situation gesehen. Zu diesen werden vorrangig gerechnet:

- im Vordergrund stehendes hierarchiesches Denken
- Entscheidungszentralisation
- Verbürokratisierung
- Überbetonung der Standardisierung
- unzureichende Marktorientierung
- unzureichende Prozeßorientierung
- inflexible Strukturen
- vorrangig reagierendes, nicht agierendes Verhalten
- hohe Sach -, weniger Personenorientierung.

Bei diesen Ursachen ist im Hinblick auf ihre Relevanz zwischen großen und mittel-ständischen Unternehmen zu unterscheiden. Für letztere sind Inflexibilität, Verbüro-kratisierung, Überbetonung der Standardisierung und geringe Personenorientierung von geringerem Gewicht. Die Begründung ist darin zu sehen, daß diese Faktoren mit der Größe des Unternehmens - Anzahl der Mitarbeiter - eine stärkere Ausprägung erfahren.

Die damit verbleibenden endogenen Faktoren sind aber noch um die organisatorischen Defizite zu ergänzen, die sich im Rahmen der empirischen Untersuchung als spezifisch für die mittelständischen Unternehmen ergeben haben. Sie werden im Punkte 6123 im einzelnen dargelegt werden.

612 Relevante empirische Untersuchungsergebnisse

Um festzustellen, wie die zukünftige Organisationsstruktur mittelständischer Unternehmen unter Berücksichtigung der vorstehend dargelegten wirtschaftlichen Situation zu gestalten ist, insbesondere unter dem Aspekt der sich aus den modernen Organisationskonzeptionen ergebenden Organisationsmaßnahmen, sind zunächst die Ausprägungen der Strukturdimensionen der Gebilde - und Prozeßstruktur in den Grundzügen aufgrund der empirischen Untersuchung darzulegen.Denn nur so ist die Entscheidung möglich, ob diese Organisationsmaßnahmen bei mittelständischen Unternehmen Berücksichtigung finden können.

6121 Ausprägungen der Strukturdimensionen der Gebildestruktur

Aufgrund der empirischen Untersuchungsergebnisse 1955 sowie ihres Vergleichs mit denen der Untersuchung 1983 ergeben sich die folgend beschreibenden Ausprägungen und deren Entwicklung.

Konfiguration (Struktur der Leitungsbeziehungen)

Die Leitungsstruktur mittelständischer Unternehmen ist durch folgende Sachverhalte charakterisiert:

- flache Hierarchie (durchschnittliche Anzahl der Hierarchieebenen 3,1)
- geringe Anzahl von Stabsstellen (durchschnittlich 1,22)
- vorrangig ist das Prinzip der Einheit der Auftragserteilung realisiert (84,6 % der befragten Unternehmen weisen ein Einlinien - bzw. Stabliniensystem auf)

Ein Vergleich der Untersuchungsergebnisse 1983 und 1995 ergibt, daß von einer unveränderten Ausprägung der Strukturdimension Konfiguration ausgegangen werden kann. Mittelständische Unternehmen sind mithin durch eine flache hierarchische Struktur in Form des Einlinien - / Stabliniensystems charakterisiert.

sachliche Spezialisierung (Abteilungsstruktur)

Die Bildung der Aktionseinheiten in mittelständischen Unternehmen beruht auf dem Verrichtungsprinzip (funktionsorientierte Bildung von Stellen / Abteilungen). Die zugrundeliegenden Funktionen beschränken sich auf die Kernfunktionen eines Unternehmens sowie die Zusatzfunktionen der Informationsverarbeitung (Rechnungswesen, Datenverarbeitung). Eine wachsende funktionale Spezialisierung in Form einer differenzierteren Abteilungsbildung hat im Zeitablauf nicht stattgefunden.Die durchschnittliche Anzahl der Abteilungen beträgt 4,9, bei Industrieunternehmen liegt sie bei 5,1, bei Handelsbetrieben bei 4,5.

formale Spezialisierung (Verteilung der Entscheidungsaufgaben)

Aufgrund der Kriterien - Diskussion und Delegation von Entscheidungen mit / an Mitarbeiter, Anteil von Routineentscheidungen an der Gesamtheit der Entscheidungen der Unternehmensleitung - kann von einer Tendenz zur Entscheidungszentralisation gesprochen werden. Zwar ist im Zeitvergleich eine schwache Entwicklung hin zur Entscheidungsdezentralisation festzustellen, doch liegt weiterhin ein relativ hoher Grad der Entscheidungszentralisation vor.

Koordination

Mittelständische Unternehmen setzen bevorzugt die personenorientierte Koordination in Form der Einzelanweisung durch Vorgesetzte und der generellen Anweisungen ein. Die Selbstkoordination weist den niedrigsten Einsatzgrad der Koordinationsformen auf. Der Zeitvergleich ergibt einen zunehmenden Einsatz der strukturellen Koordination (Koordinationsstäbe).

Zusammenfassend kann festgestellt werden, daß die Gebildestruktur der mittelständischen Unternehmen auch weiterhin durch eine weitgehende Entscheidungszentralisation, eine funktionale Stellen- / Abteilungsbildung, eine vorrangig personenorientierte Koordination, insbesondere in der Form der personellen Einzelanweisungen, und einem Einlinien - Stabliniensystem gekennzeichnet ist.
Die Dokumentation der Gebildestruktur (Formalisierung) in Form von Organigrammen, Stellen - und / oder Arbeitsplatzbeschreibungen liegt bei mehr als der Hälfte der mittelständischen Unternehmen vor. Die Analyse der vorliegenden Organigramme aber zeigt, daß der Gehalt dieser Dokumentationen eine sehr große Bandbreite aufweist (grobe bis detaillierte Darstellungen). Im Zeitablauf ist aber eine Verbesserung der Dokumentation feststellbar (Ergebnis des Zeitvergleichs).

6122 Ausprägungen der Strukturdimensionen der Prozeßstruktur

Die Ausprägungen der Strukturdimensionen der Prozeßstruktur können aufgrund der korrespondierenden Befunde der Gebildestruktur wie folgt charakterisiert werden.

arbeitstechnische Spezialisierung

In mittelständischen Unternehmen wird noch eine weitgehende Arbeitsteilung und funktionale Spezialisierung praktiziert. Eine ganzheitliche Aufgabenerfüllung , die eine weitgende Entscheidungsdelegation und Selbstkoordinationn der Mitarbeiter bedingt, ist nicht erkennbar.

Gestaltung des Arbeitsplatzes

Der Durchdringungsgrad der DV ist in den klassischen Arbeitsbereichen als hoch anzusehen (PC - Einsatz). Der Einsatz multifunktionaler Arbeitsmittel ist aber noch gering, der Einsatz konventionaler Arbeitsunterlagen (z.B. Verzeichnisse, Karteien, Belege) vorherrschend. Das Papier als Datenträger hat, insbesondere durch den Einsatz leistungsfähiger Kopiergeräte, an Bedeutung nicht abgenommen.

Zeit

Die im Rahmen des Aufgabenerfüllungsprozesses durchzuführenden Tätigkeiten / Verrichtungen sind vorrangig abfolgegebunden aufeinander abgestimmt. Eine zeitliche Abstimmung und Steuerung z.B. durch den Einsatz des Workflow - Managements findet nicht statt.

Die Dokumentation der Prozeßstruktur wird nur in weniger als der Hälfte der befragten Unternehmen durchgeführt, sei es in Form von Ablaufdarstellungen oder Verfahrensanweisungen.

6123 Organisatorische Defizite

Die Mehrzahl der mittelständischen Unternehmen (72,4 % der befragten Unternehmen) weisen Schwachstellen in der Organisationsstruktur auf, vorrangig zugleich in der Gebilde - und Prozeßstruktur (56,8 %). Der Zeitvergleich 1983 /1995 ergibt, daß sich eine Verlagerung der Schwachstellen von der Gebilde - zur Prozeßstruktur ergeben hat.

Für die Gebildestruktur werden insbesondere genannt:
• Kompetenzüberschneidungen
• Aufgabenüberschneidungen
• zeitaufwendige Entscheidungsfindung
• unzureichende Kommunikation und Information.

Die Prozeßstruktur weist die folgenden Mängel auf:
• zu lange Durchlaufzeiten
• Medienbrüche.

Als allgemeine Schwachstellen werden eine mangelnde Flexibilität und personelle Probleme genannt. Letztere beinhalten fehlende Motivation, unzureichende Qualifikation der Mitarbeiter und Personalfehlbestände.

Die vorstehend dargelegten organisatorischen Schwachstellen sind als eine Folge der Ausprägungen der Strukturdimensionen der Gebilde - und Prozeßstruktur zu sehen, in denen die situativen Gegebenheiten (siehe Ursachen für die Entwicklung der modernen Organisationskonzeptionen) keine ausreichende Berücksichtigung gefunden haben.

Ein in diesem Zusammenhang bedeutsamer Faktor ist darin zu sehen, daß trotz des Wissens um diese organisatorischen Schwachstellen und des Fehlens von für die Wahrnehmung der Organiosationsaufgaben qualifizierter Mitarbeiter in den mittelständischen Unternehmen der Einsastz externer Fachleute (Organisationsberater) nur im geringen Umfang praktiziert wird (8,5 % der befragten Unternehmen). Die Gründe sind wohl darin zu sehen, daß mittelständische Unmternehmen einerseits die durch den Einsatz externer Berater entstehenden Kosten als nicht akzeptabel ansehen, andererseits schlechte Erfahrungen mit deren Einsatz gemacht haben (beratungsgeschädigt [86]).

613 Organisationsmaßnahmen moderner Organisationskonzeptionen

In den folgenden Ausführungen sollen die Organisationsmaßnahmen dargelegt werden, die sich aus den in Punkt 5 dargestellten modernen Organisationskonzeptionen ergeben. Dabei werden die modernen Organisationskonzeptionen als Gesamtheit betrachtet. Dieses Vorgehen findet seine Begründung darin, daß die unterschiedlichen modernen Organisationskonzeptionen eine in sich schlüssige Entwicklung im Hinblick auf die Berücksichtigung der jeweils relevanten endogenen und exogenen Faktoren darstellen. Der augenblickliche Stand der Entwicklung kann in der Konzeption der Geschäftsprozeßorganisation in Form einer fraktalen Organisation gesehen werden (siehe hierzu die Ausführungen zum Punkt 5, Analyse der modernen Organisationskonzeptionen).

Bei den organisatorischen Maßnahmen geht es u. a. um die Gestaltung schlanker Organisationsstrukturen, die keine Unwirtschaftlichkeiten aufweisen sollen. Bei dieser Verschlankung muß aber der Organizational Slack Beachtung finden. Er ist in einem Überschuß sachlicher und personeller Ressourcen über das organisatorisch notwendige Maß hinaus zu sehen. Um die Flexibilität und Innovationsfähigkeit der Unternehmung in dem heutigen dynamischen wirtschaftlichen Umfeld zu erhalten, muß auch die schlanke Organisationsstruktur noch einen genügend ausreichenden Organizational Slack aufweisen.[87] Unter Berücksichtigung dieses Aspektes sind daher die folgenden Organisationsmaßnahmen zu sehen.

---

[86] Ergebnis einer Vielzahl mit Studenten in mittelständischen Unternehmen durchgeführter Projekte.
[87] Zu diesem Problem siehe Fallgater, M., Grenzen der Schlankheit: Lean Mangement braucht Organizational Slack, in: ZfO 4/1995, S. 215 ff.

6131 Gebildestruktur

Hierarchieabflachung

Diese Organisationsmaßnahme beinhaltet primär den Abbau der Anzahl der Hierarchieebenen. Dieser Abbau hat die Schaffung eines angemessenen Verhältnisses zwischen dem Leitungsaufwand und dem Aufwand für die ausführenden Tätigkeiten zum
Ziel. Damit sollen einerseits Aufgaben des Management, die nicht als erforderlich
angesehen werden, entfallen z.B. überflüssige Kontrollen, und andererseits solche von
den Mitarbeitern wahrnehmbare Aufgaben auf diese übertragen werden. Gleichzeitig
soll aber auch eine bestehende Unausgelastetheit des Managements (Personal-
überbestand) abgebaut werden.
Der Abbau von Hierarchieebenen hat zwangsläufig weitere organisatorische Maßnahmen zur Folge., soll er nicht zu einer Überbelastung des verbleibenden Managements führen und damit die angestrebte Verbesserung der Effizienz der Organisationsstruktur gefährden. Als solche Maßnahmen sind insbesondere zu nennen: Entscheidungsdelegation (mit dem Wirksamwerden des Kaskadeneffektes) einschließlich der
Delegation von Verantwortung, Selbskoordination und Abbau der Fremdkontrolle. Aus
diesem Tatbestand wird ersichtlich, daß eine einzelne Organisationsmaßnahme nicht
isoliert gesehen werden kann, sondern nur in Verbindung mit weiteren. Zudem kann
der Abbau der Zahl der Hierarchieebenen nur voll wirksam werden im
Zusammenwirken mit der Realisierung der Organisationsmaßnahmen, die in einem in-
haltlichen Zusammenhang mit der Hierarchieabflachung stehen.

Entscheidungsdezentralisation

Eng mit der Hierarchieabflachung ist die Entscheidungsdezentralisation verbunden. Sie
beinhaltet die Zuordnung solcher Entscheidungen auf die Mitarbeiter im Unternehmen,
die im Rahmen ihrer Aufgabenerfüllung die für die Entscheidungen notwendigen
Informationen besitzen, d.h., daß Bereichsentscheidungen, reine, um - und bereichs-
übergreifende Entscheidungen in den jeweiligen Aktionseinheiten getroffen werden.
Die Unternehmensleitung konzentriert sich auf die Grundsatzentscheidungen, die für
alle Unternehmensbereiche relevant sind. Mit dieser Entscheidungsdelegation geht
einher die Delegation der Verantwortung ,d.h., das jeder Mitarbeiter im Unternehmen
für die Auswirkungen seiner Entscheidungen die Verantwortung zu tragen hat. Die
Entscheischeidungsdelegation kann in der Form durchgeführt werden, daß einzelnen
als auch einer Gruppe von Mitarbeitern (Team) Entscheidungsbefugnisse übertragen
werden. Eine Entscheidungsdelegation wird sich nur dann als voll wirksam erweisen,
wenn mit ihr eine Abflachung der Hierarchie einhergeht.

Selbstkoordination

Im Zusammenhang mit der Entscheidungsdezentralisation und der damit verbundenen Delegation der Verantwortung ist die Selbstkoordination zu sehen, beinhaltet sie doch die Abstimmung der unterschiedlichen Entscheidungen und deren Realisierung im Hinblick auf die gemeinsam verfolgte Zielsetzung des Unternehmens. Nur wenn diese Abstimmung in den Verantwortungsbereich der Entscheiduugsträger (Mitarbeiter) verlagert wird, ist eine Entscheidungs - und Verantwortungsdelegation voll wirksam, d.h., führt zu einer Reduzierung des Leitungsaufwandes.

Bildung von Fraktalen

Die Bildung von Fraktalen beinhaltet, daß ein in sich abgeschlossener Aufgabenkomplex einer kleinen Zahl von Mitarbeitern zugewiesen wird. Das Fraktal ist eine sich selbst organisierende und weitgehend selbständig agierende Aktionseinheit im Unternehmen. Der entsprechende Aufgabenkomplex wird objektbezogen gebildet, wobei als Objekt sowohl Kunden / Kundengruppen als Geschäftsprozesse sowie eine Kombination beider gewählt werden kann. Damit kann gleichzeitig der Markt und als auch der innerbetriebliche Aufgabenerfüllungsprozeß in der Gebildestruktur Berücksichtigung finden. Zielsetzung der Bildung von Fraktalen ist der Abbau der Komplexität des Unternehmens durch eine Segmentierung. Die Ansätze solcher Fraktale sind im Profit - Center - Konzept als auch in der divisionalen Organisationsstruktur zu sehen.

Wie aus den vorstehenden Darlegungen ersichtlich wird, verlangen die aus den modernen Organisationskonzeptionen abgeleiteten Organisationsmaßnahmen eine gegenseitige Abstimmung. Je nach den situativen Gegebenheiten des Unternehmens ist ein Mix, bestehend aus den unterschiedlichen Reorganisationsmaßnahmen, zu bilden. Dabei können die verschiedenen Maßnahmen einen unterschiedlichen Grad der Ausprägung erfahren. Der Mix ist so zu gestalten, daß die Elemente des magischen Dreiecks Kosten, Zeit und Effizienz der betrieblichen Aufgabenerfüllung ein ausgewogenes Verhältnis zueinander aufweisen.
Die Auswirkungen der einzelnen Organisationsmaßnahmen auf die Elemente des magischen Dreiecks werden in der folgenden Abbildung dargelegt.

Abb. 54: **Einfluß der Reorganisationsmaßmahmen der Gebildestruktur auf die Komponenten des magischen Dreiecks**

Koponenten ⟶ Reorganisations- maßnahme ↓	Kostenreduktion		Zeitverkürzung		Effizienzsteigerung	
	Bedeu- tung	Zieler- reichung	Bedeu- tung	Zieler- reichung	Bedeu- tung	Zieler- reichung
Hierarchieab- flachung	hoch	ja	hoch	ja	hoch	ja
Entscheidungs- dezentralisation	mittel	zum Teil	hoch	ja	hoch	ja
Kundenorientierung	gering	zum Teil	hoch	ja	hoch	ja
Bildung von Fraktalen	gering	zum Teil	hoch	ja	hoch	ja
Selbstkoordination	gering	zum Teil	hoch	ja	hoch	ja
Geschäftsprozeß- orientierung	hoch	ja	hoch	ja	hoch	ja

6132 Prozeßstruktur

In Bezug auf die Prozeßstruktur können aus den modernen Organisationskonzeptionen folgende Organisationsmaßnahmen abgeleitet werden.

Reduzierung der weitgenden Arbeitsteilung und funktionalen Spezialisierung

Diese Organisationsmaßnahme, auch mit dem Terminus ganzheitliche Aufgabener- füllung bezeichnet, beinhaltet die Zusammenfassung unterschiedlicher Verrichtungen im Rahmen eines Aufgabenerfüllungsprozesses und Übertragung auf einen Mitarbeiter. Der so gebildete Komplex von Tätigkeiten / Verrichtungen umfaßt Verrichtungen niedriger und hoher Anforderungen, z.B. neben Tätigkeiten des Schreibens der Korres- pondenz das Prüfen / Kontrollieren, Planen usw. Durch diese Komplexbildung wird die Arbeitsteilung und die funktionale Spezialisierung reduziert. Der Tätigkeitskomplex wird inhaltsreicher (Job - Enrichement) und verbessert die Motivation der Mitarbeiter mit der Folge einer Leistungssteigerung. Dies bedingt aber im gewissen Umfang Maßnahmen wie Entscheidungsdelegation und Selbstkontrolle. Zusätzlich wird die Durchlaufzeit verkürzt, da Liege - und Transportzeiten entfallen. Zudem kann damit zugleich eine Kundenorientierung einhergehen, da der Kunde nur noch einen bestimmten Ansprechpartner im Unternehmen hat.

zeitliche Integration der Verrcitungen /Tätigkeiten

In Bezug auf die Strukdimension Zeit der Prozeßstruktur besteht die Organisations-maßnahme in der zeitlichen Integration der im Rahmen eines Aufgabenerfüllungs-prozesses durchzuführenden Tätigkeiten. Das Ziel besteht in einer Verringerung bzw. Eliminierung der Transport - und Liegezeiten. Diese Organisationsmaßnahme beinhaltet den weitgehenden Entfall von zu bearbeitendem Papier, d.h. den papiergebundenen zeitintensiven Transaktionen wie Sortieren, Ablegen, Heraussuchen, Weiterleiten, und Einsatz dv- bearbeitungsfähiger Informationsträger.Weiterhin umfaßt die zeitliche Integration der Verrichtungen den Einsatz des Work - Flow - Managements für die Vorgangsbearbeitung. Das Work - Flow - Management umfaßt die Zuordnung von Dokumenten zu elektronischen Akten und deren Weiterleitung an den zuständigen Mitarbeiter, Terminüberwachung, Wiedervorlage sowie die Integration der Vorgangsbearbeitung mit der Text - und Datenverarbeitung.

Einsatz multifunktionaler Arbeitsmittel

Die vorstehend dargelegte Organisationsmaßnahme der zeitlichen Integration der Ver-richtungen und Tätigikeiten eines Aufgabenerfüllungsprozesses bedingt den Einsatz moderner I - und K - Techniken, insbesondere von multifunktionalen Arbeitsmitteln. Diese erfordern, um effizient genutzt werden zu können, den Ersatz konventioneller Arbeitsunterlagen wie Karteien, Listen, Verzeichnisse usw. durch Dateien und Datenbanken.

Auch die Organisationsmaßnahmen in Bezug auf die Prozeßstruktur weisen zirkulare Beziehungen auf, sodaß ihr Einsatz aufeinander abgestimmt werden muß, um einen größt möglichen Erfolg zu erreichen. Die Auswirkungen der einzelnen Maßnahmen auf die Elemente des magischen Dreiecks werden in der folgenden Abbildung zusam-mengefaßt.

Abb. 55: Einfluß der Reorganisationsmaßnahmen der Prozeßstruktur auf die Komponenten des magischen Dreiecks

Komponenten → Reorganisations-maßnahmen ↓	Kostenreduktion		Zeitverkürzung		Effizienzsteigerung	
	Bedeu-tung	Zieler-reichung	Bedeu-tung	Zieler-reichung	Bedeu-tung	Zieler-reichung
Reduzierung der weitgehenden Ar-beitsteilung und funktionalen Spezia-lisierung	gering	zum Teil	hoch	ja	hoch	ja
zeitliche Integration der Verrichtungen	gering	zum Teil	hoch	ja	mittel	ja
Einsatz multifunktionaler Arbeitsmittel	hoch	ja	hoch	ja	hoch	ja

Zusammenfassung

Die Organisationsmaßnahmen, die sich aus den modernen Organisationskonzeptionen ableiten, können zwar primär auf die Gebilde - bzw. Prozeßstruktur bezogen werden, sind aber, wie ersichtlich, nicht isoliert zu betrachten. Sie sind interdependent und folglich in der Form eines Mixes einzusetzen. Dieser Mix ist dadurch charakterisiert, daß sich die einzelnen Maßnahmen sinnvoll ergänzen und somit eine größtmögliche Wirkung erzielen. Da die einzelnen Maßnahmen eine situative Gewichtung erfahren müssen, kann kein genereller Mix festgelegt werden. Jedes Unternehmen muß ihn individuell bestimmen.

62 Zukünftige Organisationsgestaltung

Um die zukünftige Organisationsgestaltung für die mittelständischen Unternehmen formulieren zu können, sind einerseits die zu ergreifenden Organisationsmaßnahmen zu bestimmen, andererseits ist eine Modifizierung und Ergänzung der klassischen Gestaltungsgrundsätze vorzunehmen.

621 Organisationsmaßnahmen

Um die zu ergreifenden Organisationsmaßnahmen bestimmen zu können, sind zunächst die Ausprägungen der Strukturdimensionen der Gebilde - und Prozeßstruktur mittelständischer Unternehmen aufgrund der empirischen Befunde denen der modernen Organisationskonzeptionen gegenüber zu stellen. Dabei wird als Organisationsstruktur der modernen Organisationskonzeptionen eine fraktale Geschäftsprozeßorganisation zugrunde gelegt.

**Abb. 56: Vergleichende Gegenüberstellung der Strukturdimensionen mittel-
ständischer Unternehmen und moderner Organisationskonzeptionen**

Strukturdimensionen	mittelständisches Untenehmen	moderne Organisations- konzeptionen
Gebildestruktur Spezialisierung - formale - sachliche	Entscheidungszentralisation funktionale Orientierung	Entscheidungsdezentralisat. objektorientiert(Geschäfts- prozeß)
Koordination	Einzel-/Generelle Anweisungen	Selbstkoordination
Konfiguration	flache Struktur (wenige Hierarchieebenen)	flache Struktur (wenige Hierarchieebenen)
Prozeßstruktur arbeitstechnische Spezialisierung Ort	weitgehende Arbeitsteilung funktionale Spezialisierung monofunktionale Arbeits- mittel, konventionelle Arbeitsunterlagen	ganzheitliche Aufgabener- füllung multifunktionale Arbeits- mittel, dv- bearbeitungs- fähige Arbeitsunterlagen
Zeit	ablaufgebundene Verrichtungen	zeitliche Integration der Verrichtungen (Work- Flow-Mangement)

Aufgrund des vorstehenden Vergleichs der Ausprägungen der Strukturdimensionen und der im Punkte 6123 dargelegten organisatorischen Defizite der mittelständischen Unternehmen kann die zukünftige Organisationsgestaltung durch folgende Organisationsmaßnahmen charakterisiert werden.

Entscheidungsdezentralisation / Entscheidungsdelegation

Delegation von Bereichsentscheidungen auf die Abteilungsleiter und Mitarbeiter, Grundsatzentscheidungen verbleiben bei der Unternehmensleitung. Dadurch werden folgende organisatorischen Defizite der mittelständischen Unternehmen abgebaut:

- zeitaufwendige Entscheidungsfindung
- mangelnde Flexibilität
- Entlastung der Unternehmensleitung von Routineentscheidungen

Weiterhin werden folgende organisatorischen Schwachstellen in ihren Auswirkungen reduziert:

- Kompetenzüberschneidungen
- unzureichende Kommunikation und Information

Damit diese Organisationsmaßnahme voll wirksam wird, sind die nun geltenden Regelungen in Form von Stellenbeschreibungen und Funktionsdigrammen zu dokumentieren. Wie die Ergebnisse der empirischen Untersuchungen zeigen, ist z.Zt. in den mittelständischen Unternehmen eine unzureichende Dokumentation der Aufgaben, Kompetenzen und Verantwortung der Mitarbeiter festzustellen.

Objektorientierte Abteilungsbildung

Die funktionale Bereichsbildung ist, sofern der Aufgabenumfang des mittelständischen Unternehmens ausreichend groß ist, objektorientiert zu gestalten, entweder nach Kunden / Produktgruppen und / oder Geschäftsprozessen. Damit wird zugleich eine erforderliche Marktorientierung erreicht. Dies beinhaltet eine Segmentierung des Unternehmens in Fraktale, d.h. eigenständig handelnde Aktionseinheiten. Eine erste Annäherung in dieser Hinsicht ist in der Bildung von Profit - Centern in mittelständischen Unternehmen zu sehen, die einen gesonderten Erfolgsausweis ermöglichen. Hierdurch können die Erfolgskomponenten (Kosten und Leistung) einzelner Bereiche erfaßt, mit anderen Unternehmen (Wettbewerbern) verglichen und gegebenenfalls eine Entscheidung bezüglich eines Outsourcing getroffen werden. Die Bildung von Profit- Centern setzt die Entscheidungsdelegation in einem ausreichenden Ausmaße voraus. Eine weitere Möglichkeit ist in einer Divisionalisierung zu sehen, die auch für mittelständische Unternehmen realistisch ist.[88]

Verstärkung der Selbstkoordination der Mitarbeiter

Der Grad der Selbstkoordination der Mitarbeiter ist in den mittelständischen Unternehmen zu erhöhen. Hiermit kann sowohl eine Entlastung des Managements als auch eine Verbesserung der Motivation der Mitarbeiter erreicht werden (verbesserte Nutzung der Human - Ressourcen).

Abflachung der Hierarchie

Zwar weisen die mittelständischen Unternehmen mit durchschnittlich 3,1 Hierarchieebenen eine flache Hierarchie auf, aber aufgrund der Maßnahmen der Entscheidungsdezentralisation und der objektorientierten Bildung der Aktionseinheiten (z.B. Profit -

---

[88] siehe hierzu Blohm, H., Seppler, W., Neue Impulse durch Sparten - und Matrixorganisation - auch für Klein- und Mittelbetriebe, in: ZO 2/76, S. 65ff, 3 /76, S. 124 ff. Diese Veröffentlichung beinhaltet einen Praxisfall.

Center) könnte diese noch weiter verflacht werden. Dies ist durchaus realistisch, wenn man die Hierarchieabflachung in großen Unternehmen auf drei bis fünf Ebenen im Rahmen der Realisierung der Lean - Konzeptionen berücksichtigt. [89]

Abbau der weitgehenden Arbeitsteilung und funktionalen Spezialisierung

Die Prozeßstruktur der mittelständischen Unternehmen ist durch eine weitgehende Arbeitsteilung und funktionale Spezialisierung charakterisiert. Diese sollte zukünftig durch eine ganzheitliche Aufgabenerfüllung (Aufgabenerfüllung aus einer Hand) ersetzt werden. Dies führt zu einer Verkürzung der Durchlaufzeiten, beseitigt Mängel in der Ablaufgestaltung und baut die mangelnde Motivation der Mitarbeiter ab. Diese Schwachstellen werden von den Unternehmen insbesondere im Hinblick auf die Prozeßstruktur genannt. Diese Organisationsmaßnahme setzt eine Entscheidungsdelegation voraus und steht in enger Beziehung zu der Objektorientierung der zu bildenden Aktionseinheiten (Kunden -, Produkt -, Geschäftsprozeßorientierung).

Einsatz moderner I - und K - Techniken

Die mittelständischen Unternehmen setzen noch weitgehend konventionelle Arbeitsunterlagen wie Karteien, Verzeichnisse, Belege, Akten und monofunktionale Arbeitsmittel ein. Die zeitintensiven papiergebundenen Transaktionen wie sortieren, ablegen, heraussuchen, weiterleiten sind durch dv - bearbeitungsfähige Informationsträger zu vermeiden. Dies bedingt den Einsatz moderner I - und K - Techniken (multifunktionaler Arbeitsmittel). Diese Maßnahmen sind zu sehen im Hinblick auf die Beseitigung langer Durchlaufzeiten und Medienbrüche.

Zeitliche Integration der Verrichtungen / Tätigkeiten

Die in den mittelständischen Unternehmen vorrangig abfolgegebunden gestalteten Aufgabenerfüllungsprozesse sind zeitlich dergestalt zu integrieren, daß Liege - und Transportzeiten weitgehend vermieden bzw. reduziert werden. Dazu bedarf es der Einführung eines Work - Flow - Mangements. Diese Organisationsmaßnahme setzt den Einsatz moderner I - und K - Techniken voraus. Die Zielsetzung ist in der Verkürzung der Durchlaufzeiten sowie in der Beseitigung unzureichender Kommunikations - und Informationsbeziehungen der an der Aufgabenerfüllung beteiligten Mitarbeiter zu sehen. Aufgrund des relativ hohen Investitionsaufwandes wird diese Reorganisationsmaßnahme wohl nur in größeren mittelständischen Unternehmen zu realisieren sein.

---

[89] vgl. dazu folgende Erfahrungsberichte, Schweiker, K.F., u. a., Restrukturierungsprogramme in der Henkelgruppe, in: Organisationsstrategien zur Sicherung der Wettbewerbsfähigkeit, hrsg. von Frese, E., Maly, W., ZfbF Sonderheft 33/ 1994, S. 63 ff. und die dort veröffentlichten weiteren Erfahrungsberichte

Wie die vorstehend Darlegungen deutlich erkennen lassen, sind die aufgeführten Organisationsmaßnahmen nicht isoliert realisierbar sondern nur in ihrem Zusammenwirken. Dabei gilt es, die untereinander unterschiedlich engen Beziehungszusammenhänge zu berücksichtigen.

622 Organisatorisches Vorgehen

Wie die vorstehend dargelegten Reorganisationsmaßnahmen erkennen lassen, führen diese zu grundsätzlichen strukturellen Veränderungen der Gebilde - und Prozeßstruktur. Daraus folgt, daß eine systematische und planvolle Durchführung der Reorganisationsmaßnahmen erforderlich wird. Damit ist die im Punkte 26 dargestellte Vorgehensweise zwangsläufig zu realisieren. Wie das Ergebnis der empirischen Untersuchung ausweist, bedienen sich die mittelständischen Untermnehmen nur in einem sehr geringem Umfang - 8,5 % der befragten Unternehmen - der Unterstützung externer Berater. Da aber die angesprochenen Reorganisationsmaßnahmen einer fundierten Ausarbeitung und Realisierung bedürfen, hierfür in den wenigsten Unternehmen entsprechend qualifizierte Mitarbeiter verfügbar sind, ist in einem erhöhten Umfange auf eine unternehmensexterne Unterstützung zurückzugreifen.[90]
Bevor die entsprechenden Reorganisationsmaßnahmen ergriffen werden, ist von dem Unternehmen selbst eine Kosten- / Nutzenschätzung vorzunehmen. Diese sollte auf der Beantwortung der folgenden Schlüsselfragen beruhen.

1. Welche Schlüsselfaktroren entscheiden über den Erfolg des Unternehmens ?, z.B. Kundenorientioerung, kurze Auftragsbearbeitungszeiten, intensive Betreuung der Kunden, schnelle Reaktionsfähigkeit (kurze Entscheidungswege), Motivation der Mitarbeiter, geringe Kosten (insbesondere Overhead Kosten).
2. Welche Faktoren im Unternehmen üben einen negativen Einfluß auf die Erfolgsfaktoren aus ?, z.B. lange Entscheidungswege, Überlastung der Entscheidungträger, lange Auftragsbearbeitungszeiten, mangelnde Motivation der Mitarbeiter, hohe Verwaltungskosten (Overhead Kosten), fehlende Kunden - und Marktorientierung.
3. Sind die negativen Einflüsse auf die Erfolgsfaktoren durch Schwachstellen der Organisationsstruktur bedingt ?, z.B. Entscheidungszentralisation, weitgehende Arbeitsteilung und funktionale Spezialisierung, hoher Leitungsaufwand, fehlende Ausrichtung der Aktionseiheiten auf Kunden / Markt, fehlender Einsatz moderner I - und K - Techniken
4. Welche organisatorischen Maßnahmen können zur Beseitigung der negativen Einflüsse ergriffen werden?, z. B. Entscheidungsdezentralisation, Selbstkoordination der Mitartbeiter, Ausrichtung der Aktionseinheiten des Unternehmens auf Kunden / Markt, Bildung eigenverantwortlich tätiger Aktionseiheiten (Cost Center).
5. Welche Kosten bedingt die Realisierung der Reorganisationsmaßnahmen, Einmal - und laufende Kosten der Reorganisation (Kosten der Organisationsarbeit und der

---

[90] vgl. Röthing, P., Thom, N., Zur Organisationsarbeit in kleinen und mittleren Unternehmen, Ergebnis einer empirischen Untersuchung, in: ZfO 5 /1988, S. 338

Investitionen) und welche Verbesserungen der Erfolgsfaktoren ergeben sich hieraus ?, z.B. Verkürzung der Durchlaufzeiten, Abbau von Overhead Kosten, Erhöhung der Kundennähe, Verbesserung der Motivation der Mitarbeiter, verbesserte Nutzung der Human - Ressourcen.

Die aufgrund der vorstehenden Fragen ermittelten Informationen müssen einen Genauigkeitsgrad aufweisen, der für eine Kosten - Nutzenschätzung erforderlich ist. Eine weitere Detaillierung wird dann im Laufe der Durchführung der ausgewählten Reorganisationsmaßnahmen vorgenommen werden müssen.
Im Rahmen der im Punkt 621 skizzierten Organisationsmaßnahmen sind für die mittelständischen Unternehmen weiterhin einige klassische Organisationsprinzipien aufzugeben bzw. zu modifizieren.[91]

1. Vorrang der personenorientierten Organisationsgestaltung vor der sachorientierten

Aufgrund der Größe (Mitarbeiterzahl) der mittelständischen Unternmehmen und der engen Bindung an das Unternehmen (siehe dazu die Ausführungen zu den Charakteristiken der mittelständischen Unternehmen, Punkt 11) ist der Organisation ad personam eine Vorrangstellung einzuräumen. Bei der Realisierung der Reorganisationsmaßnahmen ist daher insbesonderer auf die Qualifikation des Personalbestandes abzustellen.

2. Einsatz der Mitarbeiter nicht nur aufgrund der klassischen Berufsbilder

Aufgrund des geringen Aufgabenvolumens ist der Einsatz entsprechender Spezialisten nicht immer möglich, so daß Mitarbeiter ein Berufsbild übergreifendes Aufgabengebiet wahrnehmen müssen, z.B. Überlappung von kaufmännischen und technischen Aufgaben.

3. Aufgabe der strengen Trennung zwischen Entscheidungs- und Ausführungsaufgaben

Es sind Aufgabenkomplexe für die Mitarbeiter auf allen Ebenen zu bilden, die zunehmend Entscheidungsaufgaben beinhalten. Dies ist auch ein Bestandteil der modernen Organisationskonzeptionen.

4.Modifizierung des Grundatzes der Einheit der Auftragserteilung

Die strenge Durchführung des Prinzips der Einheit der Auftragserteilung - jeder Mitarbeiter erhält von nur einem Vorgesetzten seine Anweisungen - ist partiell aufzugeben zugunsten einer Mehrfachunterstellung. Der Grund ist darin zu sehen, daß

---

[91] vgl. Blohm, H., Seppler, W., a.a.O., S. 62 ff.

in mittelständischen Unternehmen die Human Ressourcen so besser genutzt werden können, da für bestimmte Aufgabenkomplexe nur eine geringe Anzahl von Spezialisten vorhanden sind. Eine gegenteilige Tendenz ist in der Entwicklung der Kofiguration mittelständischer Unternehmen erkennbar (1983: 30,4 % der Unternehmen besaßen ein Mehrliniensystem, 1995: nur 15,4 %).

7 Schlußbemerkung

Die Ausführungen haben gezeigt, daß die Gestaltungsprinzipien der modernen Organisationskonzeptionen in der Organisationsstruktur der mittelständischen Unternehmen weitgehend noch keine Berücksichtigung gefunden haben. Die Entwicklungen des wirtschaftlichen Umfelds wird sie aber im zunehmenden Maße zwingen, ihre Organisationsstruktur in Richtung der modernen Organisationskonzeptionen zu restrukturieren.

Die einzelnen Reorganisationsmaßnahmen sind je nach den situativen Bedingungen der einzelnen Unternehmung von unterschiedlichem Gewicht, so daß nicht ein generelles Restrukturierungskonzept für die mittelständischen Unternehmen entwickelt werden kann. Vielmehr ist jedes Unternehmen gefordert, im Hinblick auf seine individuellen Gegebenheiten die Restrukturierungsmaßnahmen zu ergreifen, die sich als notwendig und erfolgreich erweisen. Eine gute Basis hierfür ist darin zu sehen, daß ca. 90 % der befragten Unternehmen die Organisationsstruktur als einen wesentlichen Erfolgsfaktor ansehen. Aber auch hier trifft zu, was eine Befragung von Großunternehmen ergeben hat, daß nämlich zwischen der Einsicht in die Notwendigkeit einer Restrukturierung und deren Realisierung eine erhebliche Diskrepanz besteht.[92] Aber die z.Zt. zunehmende Zahl der Insolvenzen wird die mittelständischen Unternehmen zwingen, grundlegende Restrukturierungen in erhöhtem Umfange in die unternehmenspolitischen Maßnahmen einzubeziehen.

---

[92] vgl. Bullinger, H.-J., Roos, A., Wiedemann, G., Amerikanisches Business Reengineering oder japanisches Lean Managemnet, in: Office Mangement, 7/(1994, S. 14

Literaturverzeichnis

Baumberger, H. U., Die Entwicklung der Organisationsstruktur in wachsenden Unternehmen, 2. Aufl., Bern-Stuttgart 1968

Becker, J., Strategische Ausrichtung der Informations- und Organisationsstruktur des Unternehmens, Wiesbaden 1994

Bickel, W., Der gewerbliche Mittelstand heute - Definition und Einordnung, in: ZfO 1981, S. 1982 ff.

Bleicher, K., Organisation : Formen und Modelle, Wiesbaden 1981

Bleicher, K., Organisation : Strategien - Strukturen - Kulturen, 2. Aufl., Wiesbaden 1991

Bleicher, K., Potentiale entdecken: Unternehmen auf dem Weg zur Vertrauensorganisation, in: Gablers Magazin 1. 1994, S. 14 ff.

Blohm, H., Organisation, Information, Überwachung, 3. Aufl., Wiesbaden 1976

Blohm, H., Seppler, H., Neue Impulse durch Sparten - und Matrixorganisation - auch für Klein - und Mittelbetriebe, in: ZfO 1976, S. 65 ff., 124 ff.

Bormann, M., Zur Bedeutung und zu den Existenzgründungshemmnissen kleiner und mittlerer Unternehmen, Frankfurt 1981

Braun, H., Herpich, M., Petrenz, J., u.a., Produktinseln und Auftragsteams. Ein ganzheitliches Organisationsmodell für mittelständische Betriebe. DFVLR/PT HdA (Hrsg.) , Schriftenreihe „ Humanisierung des Arbeitslebens ", Bd. 95, Frankfurt - New York 1988

Bühner, R., Betriebswirtschaftliche Organisationslehre, 5. Aufl., München 1991

Bullinger, H.-J. , Lean Office, in: Office Management 3/1993, S. 16 ff.

Bullinger, H.-J., Wasserloos, G., Innovative Unternehmensstrukturen, in: Office Management 1-2/1992, S.12 ff.

Bullinger, H. - J., Meitner, H., Krämer, M., Total Quality Management im Büro, in: Office Management 1-2 1994, S. 16 ff.

Bullinger, H.-J., Roos, A., Wiedemann, G., Amerikanisches Business Reengineering oder japanisches Lean Management, in: Office Management, 7 / 1994, S.14 ff.

Bundesministerium für Wirtschaft , Mittelstandsfibel, Bonn 1979

Bundesministerium für Wirtschaft, Unternehmensgrößenstatistik, Daten und Fakten, Bonn 1993

Bürgel, H. D., Gentner, A., Phasenübergreifende Integration zur Steuerung der Entwicklungs - und Analysephasen bei Serienprodukten, Prozeßmanagement und Überleitungsphasen, in: Hansen,R.A.,Kern,W., Integrationsmanagement für neue Produkte, in: ZfbF Sonderheft 30 , 1992

Deutscher Bundestag ,Grundsätze einer Strukturpolitik für kleine und mittlere Unternehmen, Drucksache VI/1666 1970

Dörler, K., Reorganisationen in mittleren Unternehmen, Bern - Stuttgart 1988

Dobrek, R., Abele, U., Bacher, S., Motivation in der fraktalen Fabrik, in: Office Management 7/8 1994, S. 9

Dornieden ,U., Schulte, P., Wittlage, H., Entscheidungsprozesse in mittelständischen Unternehmen, Münster 1988

Draeger u.Comp., Herausforderung Organisation - Perspektiven in Zeiten des strategischen Umbruchs, Ergebnisse der Befragung von 800 europäischen Unternehmen - , in: Wirtschaftswoche Nr.51 vom 17.12.93, S.43 ff.

Dülfer, E., Die Auswirkungen der Internationalisierung auf Führung und Organisationsstruktur mittelständischer Unternehmen, in: BFuP 1985, S. 493 ff.

Eschner, K., Nestler, A., Strategiche Neuorientierung und Prozeßoptimierung bei der Allianz Versicherung - AG, in: Organisationsstrategien zur Sicherung der Wettbewerbsfähigkeit, Lösungen deutscher Unternehmen, hrsg. von Frese, E., Maly, W., ZfbF Sonderheft 33 / 1994, S. 33 ff.

Eissing, G., Arbeitsorganisation in Klein - und Mittelbetrieben, Das Taschenbuch für Praktiker, Hrsg. Institut für angewandte Arbeitswissenschaft e.V. Köln, Köln 1993

Engler, Th., Business Process Reengineering - Grundlagen - Gestaltungsempfehlungen - Vorgehensmodell, Wiesbaden 1995

Erdl, G., Schönicker, G., Vorgangssteuerungssysteme im Überblick, in: Office Management 3/1993, S. 14 ff.

Europäische Gemeinschaft, Amtsblatt der EG, Nr.L 222/21 14.8.1986

Europäische Gemeinschaft, Amtsblatt L 3 17/58 16.11.1990

Europäische Gemeischaft, Amtsblatt C 213/2 19.8.92

Eurostat (Hersg.), Generaldirektion XXIII der EG - Kommission, Enterprise in Europe, Proliminary Version, May 1992

Fallgatter, M., Grenzen der Schlankheit: Lean Management braucht Organizational Slack, in: ZfO 1995, S. 215 ff.

Fleter, R., Generaloffensive in der gesamten Wertschöpfungskette,in: Beschaffung Aktuell, 9/1934, S. 20 ff.

Frese, E. Grundlagen der Organisation, Konzept, Prinzipien, Strukturen, 5.Aufl., Wiesden 1993

Frese, E., Geschäftssegmentierung als organisatorisches Konzept. Zur Leitbildfunktion mittelständischer Strukturen für Großunternehmen, in: ZfbF , 45. Jg. 1993, S. 999 ff.

Frese, E., Aktuelle Organisationskonzepte und Informationstechnologie, in: Mangement und Computer, 2. Jg. 1994, S. 129 ff.

Frese, E., v. Werder, A., Kundenorientierung als organisatorische Gestaltungsoption der Informationstechnologie, in: Kundennähe durch moderne Informationstechnologie, ZfbF, Sonderheft 25, 1989, S. 1 ff.

Frese, E., von Werder, A., Organisation als strategischer Wettbewerbsfaktor - Organisationstheoretische Analyse gegenwärtiger Umstrukturierungen, in: Organisationsstrategien zur Sicherung der Wettbewerbsfähigkeit - Lösungen deutscher Unternehmen -, Hersg.: Frese, E., May, W., Sonderheft 3 / 94 ZfbF, Düsseldorf - Frankfurt 1994, S. 1 ff.

Gaitonides, M., Prozeßorganisation, München 1993
Geldern, M., Spartenorganisation in Mittelbetrieben, in: ZfO 1980, S. 154 ff.
Gantzel, K.-J., Wesen und Begriff der mittelständischen Unternehmung, Köln - Opladen 1962
Grochla, E., Einführung in die Organisationstheorie, Stuttgart 1978
Grochla ,E., Grundlagen der organisatorischen Gestaltung, Stuttgart 1995
Gutenberg, E., Grundlagen der Betriebswirtschaftslehre, Bd. I, Die Produktion, 4. Aufl., Göttingen 1958

Hammer, M., Champy, J., Bussines Reengineering: Die Radikalkur für das Unternehmen, Frankfurt / M., New York 1994
Hill, W., Fehlbaum, R., Ulrich, P., Organisationslehre 1: Ziele, Instrumente und Bedingungen der Organisation sozialer Systeme, 5. Aufl., Bern / Stuttgart 1994
Hill, W., Fehlbaum, R., Ulrich, P., Organisationslehre 2: Ziele, Instrumente und Bedingungen sozialer Systeme, 4. Aufl., Bern / Stuttgart 1992
Holzhuber, Th., Strategische Unternehmensführung in Klein- und Mittelbetrieben, Wien 1984

IHK Koblenz, Mittelstand ' 81, Die Zukunft hat schon begonnen, Koblenz 1981
Institut für angewandte Arbeitswissenschaft e.V. (Hrsg.), Lean Production. Idee - Konzept - Erfahrungen in Deutschland, Köln 1992

Jansern, H.H., Lean Production in der mittelständischen Industrie, Berlin - Heidelberg - New York 1993

Kayser. G., Organisation, in: Pfohl, H.-Ch.., Betriebswirtschaftslehre der Mittel- und Kleinbetriebe, 2. Aufl., Berlin 1990, S. 75 ff.
Kieser, A., Kennen Sie schon das allerneueste Organisationskonzept ?, in: ZfO 4 / 1994, S. 223
Kieser, A., Kubicek, H., Organisation, 3 Aufl., Berlin-New York 1992
Kläger, W., Hoffmann, J., Lean Production - Fat Office , in: Office Management, 3/1993, S. 37 ff.
Klaile, A., Managementberatung in mittelständischen Unternehmen, Berlin 1984
Kommission der Europäischen Gemeinschaft (Hrsg.), Entwurf einer Entscheidung des Rates über das Aktionsprogramm für Klein- und mittlere Unternehmen, Kom (86) 445 Pndg., 26.8.1986

Kraus, H., Historische Entwicklung von Organisationsstrukturen, Ursachen für die Notwendigkeit neuer Organisationskonzepte?, in: Geschäftsprozeßmanagement, hersg von Krickl, O., Heidelberg 1994, S. 11 ff.

Krickl, O., Business Design, Prozeßorientierte Organisationsgestaltung, in: Krickl, O., Geschäftsprozeßmanagement, Heidelberg 1994, S.28ff.

Kubicek, H., Die Vortstellungen von Top-Managern und Organisationsspezialisten von den Einflußgrößen der Organisationsstruktur, Arbeitspapier Nr. 13/76 , Institut für Unternehmensführung im Fachbereich Wirtschaft der FU Berlin, Berlin 1976

Kubicek, H., Messung der Organisationsstruktur, in: HWO, Hrsg. Grochla, E., 2.Aufl., Stuttgart 1980, Sp. 1781 ff.

Lassmann, A., Organisatorische Koordination. Konzepte und Prinzipien zur Einordnung von Teilaufgaben. Wiesbaden 1992

Lingemann u.a., Gestaltung von Arbeitssystemen in firmenübergreifender Zusammenarbeit, Bremerhaven 1990

Manager Magazin, Managementlücken im Mittelstand, Ergebnisse einer empirischen Untersuchung,. Hamburg 1977

Manager Magazin, Mittelständische Unternehmen der 80er Jahre, Ergebnisse einer empirischen Untersuchung, Hamburg 1981

Mellerowicz, R., Unternehmenspolitik, Bd I, 2 Aufl., Freiburg/Prsg. 1963

Metken, M., Prozeßorientierte Organisationsoptimierung, in: Office Management, 3/1993, S. 6ff.

Mugler, J., Betriebswirtschaftslehre der Klein- und Mittelbetriebe, 2 Aufl., Wien-New York 1995

Mugler, J., Lampe, R., Betriebswirtschaftliche Beratung von Klein- und Mittelbetrieben, in: BfuP, 6/87, S. 477 ff.

Nagel, R., Kostenmanagement im Mittelstand, Stuttgart 1988

Pankus, G., Führung und schlank Denken: Der Wettbewerb zwingt zum Umschalten, in: Gablers Magazin, 4/1993, S. 13 ff.

Pfohl. H.-Ch., Kellerwessel, P., Abgrenzung der Klein- und Mittelbetriebe, in: Pfohl, H.-Ch., Betriebswirtschaftslehre der Klein- und Mittelbetriebe, 2. Aufl., Berlin 1990, S. 5 ff.

Pfeiffer, W., Weiß, E., Lean Management, Grundlagen der Führung und Organisation industrieller Unternehmen,Berlin 1992

Picot, A., Neuburger, R., Nigal, J., Eletronic Data Interchange (EDI) und Lean Management, in: Office Management 3/1993, S. 38 ff.

Pohl, H.-J., Die Gestaltung der Organisationsstruktur als Führungsinstrument für mittelständische Unternehmen in Bremen, Schriftenreihe des Fachbereichs Wirtschaft der Hochschule Bremen, Bd. 23 1982

Rolz, G., Lehmann, P., Aktuelle Reorganisationstendenzen bei der Quelle AG, in: Organisationsstrategien zur Sicherung der Wettbewerbsfähigkeit, Lösungen deutscher Unternehmen, hrsg. von Frese, E., Maly, W., ZfbF Sonderheft 33 /1994, S. 143 ff.

Rossa, G., Soll, R., Dissiativ-Controlling in Versicherungsunternehmen, in: Versicherungswirtschaft, 3/1994, S. 170 ff.

Röthing, P., Thom, N., Zur Organisationsarbeit in kleinen und mittleren Unternehmen Ergebnisse einer empirischen Untersuchung, in: ZfO 5/1988, S. 335 ff.

Ryf, B., Überlegene Organisationsgestaltung, Erfolgsfaktoren Effizienz, Kundennähe, Motivation, in: ZfO 1/ 1994, S. 11 ff.

Sattes, I., u.a., Erfolg in kleinen und mittleren Unternehmen, Ein Leitfaden für die Führung und Organisation in KMU, Stuttgart 1995

Scheff, J., Business Redesign, in: Krikl, O., Geschäftsprozeßmanagement, Heidelberg 1994,S. 55 ff.

Schmidt, B., Lean Management, in: Office Management, 3/1993, S. 38 ff.

Scholz, R., Geschäftsprozeßoptimierung, Bergisch-Gladbach / Köln 1993

Schweikert, K. F., u.a., Restrukturierungsprogramme in der Henkel - Gruppe, in: Organisationsstrategien zur Sicherung der Wettbewerbsfähigkeit, Lösungen deutscher Unternehmen, hrg,. von Frese, E., Maly, W., Sonderheft der ZfbF 33/ 1994, S. 63 ff.

Statitisches Bundesamt, Arbeitsstättenzählung vom 25.5.1987, Heft 8, Wiesbaden 1990

Stehle, H., Die GmbH für mittelständische Unternehmen, 6.Aufl., Stuttgart 1962

Steiner, J., Die personelle Führungsstruktur in mittelständischen Betrieben, Göttingen 1980

Striening, H. D., Prozeß-Mangement, München 1993

Ulich, E. (Hersg.), Erfolg in kleinen und mittleren Unternehmen, Ein Leitfaden für die Führung und Organisation in KMU, Stuttgart 1995

Warnecke, H.-J., Revolution der Unternehmenskultur, Berlin 1993

Warnecke, H.-J., Hüser, M., Lean Production - eine kritische Würdigung, in: Angew. Arbeitswiss.1992, Nr. 131, S. 1 ff.

Welge, K., Jansen, A., Organisation, Kurseinheit 1 , Ziele der organisatorischen Gestaltung Fernuniversität Hagen, 1982

Wildemann, H., Strategien zur Erreichung wettbewerbsfähiger Unternehmen, Frankfurt 1993

Wittlage. H., Methoden und Techniken praktischer Organisationsarbeit, 3.Aufl., Berlin - Herne 1993

Wittlage, H., Unternehmensorganisation, 5. Aufl., Berlin-Herne 1993

Wittlage, H., Die Organisation mittelständischer Unternehmen - Wahrnehmung der Organisationsaufgaben und Gestaltung der Organisationsstruktur, Ergebnisse einer empirischen Untersuchung, in: BFuP, 7/87, S. 562 ff.

Wittlage, H., Verteilung und Wahrnehmung von Organisations- und Entscheidungsaufgaben in mittelständischen Unternehmen, in: Internationales Gewerbearchiv, 4/1988, S. 217 ff.

Wittlage, H., Lean Organization, eine Konzeption für mittelständische Unternehmen? - Eine kritische Bestandsaufnahme, in: Internationales Gewerbearchiv, 3 / 1994, S. 145 ff.

Wittlage ,H., Organisationsgestaltung unter dem Aspekt der Geschäftsprozeßorganisation, in: ZfO 4/1995, S. 210 ff.

Wittlage, H., Fraktale Organisation, eine neue Organisationskonzeption ?, in: WISU 3/ 1996, S. 223

Wolter, G., Messung der Organisationsstruktur, Stuttgart 1989

Anlagen

Anlage 1:

Fragebogen zum Projekt: Organisationsstruktur miitelständischer Unternehmen

Erläuterung zur Bearbeitung des Fragebogens:

(1) Wir versichern Ihnen, daß Ihre Angaben absolut vertraulich behandelt werden.
(2) Bitte füllen Sie den Fragebogen vollständig aus.
(3) Beantworten Sie bitte alle Fragen möglichst wahrheitsgetreu, da sonst die Ergebnisanalyse ein verzerrtes Bild ergibt.
(4) Sollten Sie irrtümlich ein Kreuz an die falsche Stelle gesetzt haben, so machen Sie dieses bitte durch einen Kreis ungültig.

     z.B.:   1☐ 2☐ 3⊠ 4⊠ 5☐

     ja   ⊠   1   ⊠ 1

     nein ⊠   2   ☐ 2

                         ⊠ 3 etc.

(5) Sollten Sie irrtümlich eine falsche Zahl eingetragen haben, so machen Sie diese bitte durch ein Kreuz ungültig und schreiben Sie die richtige Zahl daneben.

     z.B.:   ⊠   6̄

(6) Sollten bei der Beantwortung einzelner Fragen Unklarheiten auftreten bzw. einzelne Fragen mißverständlich sein, rufen Sie uns bitte an: Tel.: .... montags bis donnerstags 8.00 - 15.00 Uhr und Freitags 8.00 - 13.00 Uhr. Auskunft erteilt Ihnen:
(7) Wir bitten Sie, die ausgefüllten Fragen bis _____ zurückzusenden an:

Institut für mittelstandsorientierte
Betriebswirtschaft an der
Fachhochschule Münster
Sentmaringer Weg 61
48151 Münster

1.1 In welchem Jahr wurde Ihr Unternehmen gegründet? ☐☐☐☐

1.2 In welcher Branche ist Ihr Unternehmen tätig?
Geben Sie bitte die genaue Bezeichnung an. Falls Ihr Unternehmen in mehreren
Bereichen tätig ist, geben Sie die Branche mit dem höchsten Umsatz des
Unternehmens an.
Branche:

1.3 a) Ist Ihr Unternehmen auch im Handel tätig?   ja ☐ 1   nein ☐ 2
b) Wenn ja, welcher Anteil am Umsatz des Unternehmens

   entfällt auf den Handel (in %)?   ☐☐☐

1.4 Welche Rechtsform hat Ihr Unternehmen?

Einzelfirma...   ☐

OHG...   ☐

KG...   ☐

GmbH...   ☐

GmbH & Co.KG..   ☐

AG...   ☐

Sonstige (Welche?_____)............................   ☐

1.5 Welchen Umsatz hatten Sie im Jahr 1994?
(in Mio. DM)

unter   5..   ☐

unter 10..   ☐

unter 20..   ☐

mehr als 20..   ☐

2.1 Wieviele Beschäftigte hat Ihr Unternehmen?

insgesamt ....   ☐☐☐

im Verwaltungsbereich   ☐☐☐
(Beschaffung, Vertrieb, Rechnungswesen usw.)......................

im Fertigungsbereich... ☐☐☐

2.2   Wieviele von den im Verwaltungsbereich tätigen Mitarbeitern   ☐☐☐
sind in Führungspositionen hauptsächlich mit Management-
aufgaben beschäftigt?

3.1   Wie ist Ihr Unternehmen abteilungs- und stellenmäßig gegliedert?
Nennen Sie bitte die Zahl der

a) Hierarchieebenen   ☐☐☐

b) Stabstellen bzw. Beratungsstellen ohne   ☐☐☐
Entscheidungsbefugnisse

c) Abteilungsleiter   ☐☐☐

d) Fügen Sie bitte ein Organisationsschaubild bei: ☐ beigefügt   ☐ nicht
beigefügt

3.2   Welche der nachfolgenden Abteilungen haben Sie in Ihrem
Unternehmen eingerichtet?

a) Datenverarbeitung/Organisation   ☐

b) Personalwesen   ☐

c) Beschaffung/Einkauf/Materialwirtschaft   ☐

d) Absatz/Vertrieb/Marketing   ☐

e) Finanzierung/Investition   ☐

f) Rechnungswesen/Steuer   ☐

g) Fertigung/Produktion   ☐

h) Anzahl der genannten Abteilungen insgesamt   ☐☐

3.3   Wie ist die Organisationsstruktur in Ihrem Unternehmen dokumentiert?

a) durch Organigramme (Organisationsschaubilder)   ☐

b) durch Stellenbeschreibungen   ☐

c) durch Arbeitsplatzbeschreibungen   ☐

d) durch Arbeitsablaufdarstellungen   ☐

e) durch Verfahrensanweisungen   ☐
f) durch andere Dokumente (bitte benennen)
....

g) keine Dokumentation ☐

4.1 Welches Gewicht haben die folgenden Faktoren für Ihre
jetzt im Unternehmen geltende Organisationsstruktur?
Antworten Sie bitte entsprechend folgender Skala, indem Sie eine Ziffer von 1-5
ankreuzen; dabei bedeuten die Ziffern
1 = kein Gewicht
2 = geringes Gewicht
3 = mittleres Gewicht
4 = hohes Gewicht
5 = sehr hohes Gewicht

- Tradition   1☐ 2☐ 3☐ 4☐ 5☐

- Umwelt (Wettbewerb, Marktbedingungen usw.) 1☐ 2☐ 3☐ 4☐ 5☐

- erfolgreiche Unternehmen   1☐ 2☐ 3☐ 4☐ 5☐

- Unternehmenstrategie   1☐ 2☐ 3☐ 4☐ 5☐

- sonstige (bitte benennen)...............   1☐ 2☐ 3☐ 4☐ 5☐

4.2 Wann wurde die Organisationsstruktur zuletzt geändert?

- überhaupt noch nicht   ☐

- vor mehr als 5 Jahren   ☐

- vor mehr als 2 Jahren   ☐

- vor 2 Jahren   ☐

- im letzten Jahr   ☐

4.3 Was waren die Gründe für die Veränderung?

a) Einsatz neuer Informations- und Kommunikationstechniken   ☐

b) Wachstum des Unternehmens   ☐

c) Ineffizienz der bestehenden Organisationsstruktur   ☐

d) Anpassung an die veränderte Umwelt (Marktbedingungen/   ☐
   Wettbewerb)

e) veränderte Unternehmensstrategie   ☐
f) Anpassung an neue Organisationskonzepte

   z.B. Lean Organization, kundenorientierte Organisation,   ☐
   Geschäftsprozeßorganisation usw.)

g) sonstige Gründe (bitte benennen)... ☐

....

4.4 Müssen Ihrer Ansicht nach folgende Aspekte in der Organisationsstruktur
Berücksichtigung finden?
Antworten Sie bitte entsprechend folgender Skala, indem Sie eine Ziffer von 1-5
ankreuzen; dabei bedeuten die Ziffern
1 = unverzichtbar
2 = sehr wichtig
3 = wichtig
4 = weniger wichtig
5 = spielt kaum eine Rolle

- Teambildung   1☐ 2☐ 3☐ 4☐ 5☐

- Reduzierung der weitgehenden funktionalen   1☐ 2☐ 3☐ 4☐ 5☐
  Spezialisierung und weitgehenden Arbeitsteilung

- Geschäftsprozeßorientierung   1☐ 2☐ 3☐ 4☐ 5☐

- Kundenorientierung   1☐ 2☐ 3☐ 4☐ 5☐

- flache Organisation (wenige Hierarchieebenen)   1☐ 2☐ 3☐ 4☐ 5☐

- weitgehende Selbstkontrolle der Mitarbeiter   1☐ 2☐ 3☐ 4☐ 5☐
  (Abbau der Fremdkontrolle)

4.5 Halten Sie die Organisationsstruktur für einen wesentlichen

Erfolgsfaktor des Unternehmens?   ja ☐ nein ☐
Wenn ja,
welchem Aspekt der Struktur ist nach Ihrer Meinung das Primat
zuzumessen?

- der Aufbauorganisation   ☐

- der Ablauforganisation   ☐

- beide sind gleich wichtig   ☐

4.6 Weist die Organisationsstruktur Ihres Unternehmens

organisatorische Schwachstellen auf?   ja ☐   nein ☐

Wenn ja

- sind diese bekannt   ja ☐   nein ☐
Wenn ja, liegen sie

- in der Aufbauorganisation   ja ☐   nein ☐

- in der Ablauforganisation   ja ☐   nein ☐

- Verhältnis zueinander (in %)   Aufbau ☐☐ Ablauf ☐☐
- Nennen Sie einige der wichtigsten Schwachstellen
  (z.B. mangelnde Flexibilität, zu lange Durchlaufzeiten,
  zeitaufwendige Entscheidungswege, Aufgaben- und
  Kompetenzüberschneidungen, Medienbrüche)
  ....
  ....

4.7   Wer trifft in Ihrem Unternehmen organisatorische Entscheidungen?

	im Rahmen	
	der Aufbauorganisation	der Ablauforganisation
Unternehmensleitung	☐	☐
Abteilungsleiter	☐	☐
Organisationsabteilung	☐	☐
Organisationsfachmann	☐	☐
Arbeitskreis	☐	☐

4.8   Beruhen die Organisationsentscheidungen   ☐ ja ☐ nein
       auf einer vorgehenden Informationsbeschaffung ?
       Wenn ja, welche Quellen werden benutzt?

       Antworten Sie bitte entsprechend folgender Skala indem Sie eine Ziffer von 1-5
       ankreuzen
       dabei bedeuten die Ziffern
       1 = sehr häufig
       2 = häufig
       3 = gelegentlich
       4 = selten
       5 = nie

       a) Wirtschaftteil der Tageszeitungen   1☐ 2☐ 3☐ 4☐ 5☐

       b) Veröffentlichungen in Fachzeitschriften   1☐ 2☐ 3☐ 4☐ 5☐

       c) Erfahrungsaustausch mit anderen Unternehmen 1☐ 2☐ 3☐ 4☐ 5☐

       d) Verbandsmitteilungen/Kammerberichte   1☐ 2☐ 3☐ 4☐ 5☐

e) Kongresse/Seminare/Messen   1☐ 2☐ 3☐ 4☐ 5☐

f) Broschüren der Anbieter von Organisations   1☐ 2☐ 3☐ 4☐ 5☐
   mitteln/Hardware/Software

e) sonstige (bitte bennen)   1☐ 2☐ 3☐ 4☐ 5☐

....

....

4.9   Wird die Realisierung von Organisationsentscheidungen

kontrolliert?   ja ☐   nein ☐

Wenn ja,
durch wen? (bitte bennen)

....

....

5.1   Welche der folgenden betrieblichen Aufgaben lassen Sie durch Dienstleister
erfüllen?

- Forschung und Entwicklung   ☐

- Marktforschung   ☐

- Werbung   ☐

- Organisation   ☐

- Steuer   ☐

- Datenverarbeitung   ☐

- Personalanwerbung   ☐

- andere (bitte benennen)   ☐

....

....

5.2   Nachfolgend sind Aussagen von Managern im Hinblick auf die Wahrnehmung
ihrer Aufgaben aufgeführt: Welche Aussagen sind für Ihr Unternehmen
zutreffend?

- „Das Management delegiert Aufgaben und Entscheidungen ☐
weitgehend an Mitarbeiter. Nur Grundsatzentscheidungen
werden vom Management getroffen"

- „Die Manager setzten Ziele und grenzen die Entscheidungs- ☐
spielräume ab; die Mitarbeiter entscheiden selbstständig im
Rahmen ihrer Befugnisse"

- „Die Mitarbeiter entwickeln Vorschläge; das Management ☐
wählt den geeignet erscheinenden Vorschlag aus"

- „Die Mitarbeiter werden über beabsichtigte Entscheidungen ☐
informiert; sie haben die Möglichkeit, ihre Meinung dazu zu
äußern"

- „Das Management entscheidet, ist aber bemüht, die Mit- ☐
arbeiter von der Entscheidung zu überzeugen"

- „Das Management entscheidet und ordnet an" ☐

5.3 Wie hoch ist der Anteil der Routineentscheidungen an
den Entscheidungen der Unternehmensleitung ?

- mehr als 80% ☐

- 60% - 80% ☐

- 40% - 60% ☐

- 20% - 40% ☐

- weniger als 20% ☐

5.4 In welchen Aufgabenbereichen werden moderne Informations- und
Kommunikationstechniken eingesetzt?

Antworten Sie bitte entsprechend folgender Skala, indem Sie eine Ziffer von 1-5
ankreuzen; dabei bedeuten die Ziffern
1 = überhaupt nicht
2 = kaum
3 = gelegentlich
4 = häufig
5 = laufend

a) Finanzbuchhaltung   1☐ 2☐ 3☐ 4☐ 5☐

b) Betriebsbuchhaltung   1☐ 2☐ 3☐ 4☐ 5☐

c) Lohn- und Gehaltsabrechnung $_1\square$ $_2\square$ $_3\square$ $_4\square$ $_5\square$

d) Fakturierung $_1\square$ $_2\square$ $_3\square$ $_4\square$ $_5\square$

e) Statistik $_1\square$ $_2\square$ $_3\square$ $_4\square$ $_5\square$

f) Produktionssteuerung $_1\square$ $_2\square$ $_3\square$ $_4\square$ $_5\square$

g) Logistik $_1\square$ $_2\square$ $_3\square$ $_4\square$ $_5\square$

h) Sonstige (Welche? _____) $_1\square$ $_2\square$ $_3\square$ $_4\square$ $_5\square$

5.5   Wie ist die Koordination zwischen den Tätigkeiten
der Stellen im Unternehmen geregelt ?

a) durch Anweisungen der Vorgesetzten $\square$

b) durch die Mitarbeiter selber (Selbstkoordination) $\square$

c) durch Aktionseinheiten (z.B. Ausschüsse, Stäbe, $\square$
Konferenzen)

d) durch Vorgaben wie Planzahlen, Budgetkennzahlen $\square$

e) durch Verfahrensanweisungen, Richtlinien usw. $\square$

f) durch andere Regelungen (bitte benennen).. $\square$
....

6.1   Geben Sie bitte Namen und Anschrift Ihres Unternehmens an
(Stempel genügt). Die Angabe ist freiwillig!
....
....

6.2   Wir sind an den Ergebnissen der Erhebung interessiert.   ja $\square$ nein $\square$

Schicken Sie uns bitte den Forschungsbericht zu.   ja $\square$ nein $\square$

Anlage 2

Informationsgewinnungstechniken

objektive Informationsgewinnungs-techniken	nicht objektive Informationsgewinnungs-techniken
Beobachtung (z.B. Multimoment-verfahren) Messen (z.B. Refa Verfahren) Zählen (z.B. Belege) Dokumentenanalyse (z.B. Analyse von Anweisungen, Organigrammen) Kostenermittlung (z.B. Sach -, Personal-kostenermittlung)	Interview Fragebogen Tagesberichte (kontinuierliche Erfsasung der Tätigkeiten und - zeiten) Aufgaben - und Tätigkeitsberichte (Aufzeichnung der durchgeführten Aufgaben, zugehörige Tätigkeiten und Zeiten)

Anlage 3

Dokumentationstechniken

verbale		tabellarische		graphische		mathematische	
Gebilde-stuktur	Prozeß-struktur	Gebilde-struktur	Prozeß -struktur	Gebilde-struktur	Prozeß-struktur	Gebilde-struktur	Prozeß-struktur
Führungsan-weisungen	Arbeits-platzbe-schrei-bungen	Sozio-matrix	Ablauf-karten	Organi-gramme	Balken-diagram-me	Zuord-nungs-modelle (lineare Program-mierung)	Netz-plantech-nik
Stellen-beschrei-bungen	Ablauf-verzeich-nisse	Kommu-nikati-onsma-trizen		Funkti-onsdia-gramme	Block-diagram-me		Entschei-dungs-tabellen
Aufga-bengliederungs-übersich-ten				Kommu-kations-diagram-me	Vor-druck-stamm-baum		Warte-schlan-genmo-delle
Ver-zeichnis-se				Kommu-kations-netzwer-ke	Vor-druck-durch-laufplan		
Ge-schäfts-anwei-sungen				Raster-bogen der Auf-gaben-analyse	Block-schalt-bildme-thode		
				Aufga-benstruk-turbild			

Anlage 4

Koordinatinsformen

Koordination				
personenorientierte Koordination		strukturelle Koordination	technokratische Koordination	
Koordinationszentralisation	Koordinationsdezentralisation	spezielle Aktionseinheiten	numerische Informationen	Programmierung/Regelkreis
Einzelfall bezogene Anweisungen	Zielvorgabe (Management by Objectives)	Leitungshilfsstellen (Stäbe, Ausschüsse)	Kennzahlen Budgets	Programmierung Regelkreise
generelle Anweisungen	Selbstkoordination Unternehmensphilosophie	Instanzen (Produkt-,Projektamanager) linking Pins (System überlappender Gruppen)	innerbetriebliche Verrechnungspreise	

Anlage 5

Formen der Projektorganisation

Herkunft der ⟶ Projektmitarbeiter Art und Umfang der Kompetenz des Projektleiters ↓	Task Force (unternehmenseigene full bzw. part time Mitarbeiter)	Project Organization (für die Projektdauer eingestellte Mitarbeiter)
• Stabsprojektorganisation - Projektkoordination (influence project management) - Informations -, Beratungs-, Kontrollstab - Einmann - Projektorganisation	X X X	— — —
• Matrix - Projektorganisation	X	X
• Reine Projektorganisation	X	X

Stichwortverzeichnis

DUV DeutscherUniversitätsVerlag

GABLER·VIEWEG·WESTDEUTSCHER VERLAG

Stefan Klein
Interorganisationssysteme und Unternehmensnetzwerke
Wechselwirkungen zwischen organisatorischer und informationstechnischer
Entwicklung
1996. XVII, 294 Seiten, 24 Abb., 44 Tab.,
Broschur DM 98,-/ ÖS 725,-/ SFr 92,-
DUV Wirtschaftswissenschaft
ISBN 3-8244-0293-9
Dieses Buch untersucht die Koevolution neuer zwischenbetrieblicher Orga-
nisationsformen (kooperativer Unternehmungsnetzwerke, strategischer Alli-
anzen und virtueller Organisationen) und interorganisatorischer Informa-
tionssysteme.

Thomas Krickhahn
Die Verbände des wirtschaftlichen Mittelstands in Deutschland
1995. XVIII, 351 Seiten, 15 Abb., 46 Tab.,
Broschur DM 118,-/ ÖS 921,-/ SFr 118,-
DUV Wirtschaftswissenschaft
ISBN 3-8244-0245-9
Es werden zentrale theoretische Ansätze in der Verbändeforschung vorge-
stellt, die betreffenden Verbände werden identifiziert und einer vielfältigen
theoretisch fundierten empirischen Analyse unterworfen.

Roland Rollberg
**Lean Management und CIM aus Sicht der strategischen Unter-
nehmensführung**
1996. XVII, 253 Seiten, 46 Abb., Broschur DM 98,-/ ÖS 725,-/ SFr 92,-
DUV Wirtschaftswissenschaft
ISBN 3-8244-0290-4
Lean Management und CIM werden meist getrennt diskutiert. Diese Arbeit
zeigt, daß aus Sicht der strategischen Unternehmensführung der kombinier-
te Einsatz beider Konzepte die Wettbewerbsstrategie eines Unternehmens
und die eines Unternehmensverbunds unterstützt.

Die Bücher erhalten Sie in Ihrer Buchhandlung!
Unser Verlagsverzeichnis können Sie anfordern bei:

Deutscher Universitäts-Verlag
Postfach 30 09 44
51338 Leverkusen